ESCRITOS DE ANTONIN ARTAUD

Confira os títulos da Coleção **Rebeldes & Malditos**

A desobediência civil seguido de *Walden* – H.D. Thoreau
Escritos de Antonin Artaud – Org. Claudio Willer
Mulheres – Charles Bukowski
Uma temporada no inferno seguido de *Correspondência* – Arthur Rimbaud

Rebeldes & Malditos

ESCRITOS DE ANTONIN ARTAUD

ORGANIZAÇÃO, TRADUÇÃO E NOTAS DE
CLAUDIO WILLER

L&PM
EDITORES

Texto de acordo com a nova ortografia.

1ª edição publicada pela L&PM Editores na Coleção Rebeldes & Malditos: primavera de 1983
2ª edição revista: primavera de 2019

Organização, tradução e notas: Claudio Willer
Capa: Ivan Pinheiro Machado
Preparação: Patrícia Yurgel
Revisão: Jó Saldanha

CIP-Brasil. Catalogação na publicação
Sindicato Nacional dos Editores de Livros, RJ

A824e

Artaud, Antonin, 1896-1948
    Escritos de Antonin Artaud / Antonin Artaud; organização, tradução e notas Claudio Willer. – 2. ed. – Porto Alegre [RS]: L&PM, 2019.
    208 p. ; 21 cm.   (Coleção Rebeldes & Malditos)

    ISBN 978-85-254-3919-2

    1. Ensaios franceses. I. Willer, Claudio. II. Título.

19-60948   CDD: 844
                   CDU: 82-4(44)

Vanessa Mafra Xavier Salgado - Bibliotecária - CRB-7/6644

© da organização, tradução e notas, Claudio Willer, 2019

Todos os direitos desta edição reservados a L&PM Editores
Rua Comendador Coruja, 314, loja 9 – Floresta – 90.220-180
Porto Alegre – RS – Brasil / Fone: 51.3225.5777
PEDIDOS & DEPTO. COMERCIAL: vendas@lpm.com.br
FALE CONOSCO: info@lpm.com.br
www.lpm.com.br
Impresso no Brasil
Primavera de 2019

Sumário

Nota biográfica 7

Manifestos e cartas do período surrealista 21
    O Pesa-Nervos 22
    O suicídio é uma solução? 25
    Segurança pública 26
    À mesa 30
    Carta aos reitores das universidades europeias 31
    Carta ao Papa 33
    Carta ao Dalai Lama 34
    Carta aos médicos-chefes dos manicômios 34

Heliogábalo ou o anarquista coroado 37

Sobre o Teatro da Crueldade: O teatro e seu duplo e
O teatro de Serafim 65
    Teatro oriental e teatro ocidental 68
    O teatro e a peste 74
    A encenação e a metafísica 78
    Acabar com as obras-primas 88
    O teatro e a crueldade 93
    O teatro de Serafim 97

A viagem ao México: Mensagens revolucionárias ... 104
    Surrealismo e revolução 106

Os taraumaras 117
    A montanha dos signos 119
    A dança do peiote 124

CARTAS DE RODEZ 136

ARTAUD, O MOMO 155
   Artaud, o momo 156

VAN GOGH: O SUICIDADO PELA SOCIEDADE 161
   Van Gogh: o suicidado pela sociedade 162
      Post-scriptum 165
      O suicidado pela sociedade 166
      Empilhar corpos 173

PARA ACABAR COM O JULGAMENTO DE DEUS 177
   Para acabar com o julgamento de deus 179
   Tutuguri – O Rito do Sol Negro 182
   A busca da fecalidade 184
   O cocô (aqui rugido) 185
   A questão que se coloca... 188
   Conclusão 194

ANEXO: UM PERFIL DE ARTAUD 197
POSFÁCIO À NOVA EDIÇÃO..203

Nota biográfica

"Maldito", marginalizado e incompreendido enquanto viveu, encarnação máxima do gênio romântico, da imagem do artista iluminado e louco, Artaud passou a ser reconhecido depois da sua morte como um dos mais marcantes e inovadores criadores do nosso século. Tudo o que, aos olhos dos seus contemporâneos, parecia mero delírio e sintoma de loucura, agora é referência obrigatória para as mais avançadas correntes de pensamento crítico e criação artística nas suas várias manifestações: teatro, arte de vanguarda e criações experimentais, manifestações coletivas e espontâneas, poesia, linguística e semiologia, psicanálise e antipsiquiatria, cultura e contracultura.

Antonin Marie-Joseph *Artaud* nasceu em Marselha a 4 de setembro de 1896, filho de um empresário de transportes marítimos e descendente de gregos tanto pelo lado materno como paterno (a esposa do seu avô paterno, que também era tia da sua mãe). A influência familiar grega também é cultural, refletindo-se na preferência de Artaud por nomes de sonoridade greco-oriental, inclusive nas suas glossolalias, as sequências de palavras sem um sentido imediatamente discernível, fonemas não semantizados, dos seus últimos poemas. Outro tema constante na sua obra, a fascinação pelo incesto, também teve relação com seu ambiente familiar, inclusive a trágica e prematura morte da sua irmã, Germaine, e seu pai autoritário. (O incesto é tema da sua peça *Os Cenci* e está presente em outros textos, como o elogio a *'Tis Pity She's a Whore,* do pré-elisabetano John Ford, transcrito na presente edição.[1] Quanto ao relacionamento com o pai, é tratado no texto sobre *Surrealismo e revolução*, também incluído nesta antologia.) Durante seu período de prolongado internamento (1937/1946), assinava cartas com o sobrenome materno (Nalpas) e afirmava que sua irmã havia sido assassinada.

Desde criança, Artaud enfrentou sérios problemas de saúde. Teve meningite aos cinco anos e convulsões na adolescência. Seu primeiro internamento em sanatório ocorreu aos dezenove anos, passando por sucessivos tratamentos e pelas mãos de psiquiatras e psicanalistas enquanto viveu. Na adolescência, começa a tomar láudano, uma tintura de ópio, para aliviar suas dores de cabeça, tornando-se mais tarde dependente de heroína.

Chegando a Paris em 1920, liga-se a setores avançados e atuantes da vida cultural francesa, apresentado por seu tio, que também era produtor teatral, e pelo dr. Toulouse, seu psiquiatra e também um intelectual ativo. Consegue bons papéis como ator em companhias como a de Charles Dullin, Georges Pitoëff e Lugné-Poe, expoentes do melhor teatro de vanguarda da época. Entre outros papéis, foi o Tirésias na *Antigone* de Cocteau, uma montagem com cenários de Picasso, figurinos de Coco Chanel, na qual contracenou com Génica Athanasiou, com quem teve uma prolongada relação.

Em 1924, passa a dedicar-se também ao cinema, trabalhando com alguns dos principais diretores da época: Claude Autant-Lara, Abel Gance, Marcel Herbier, Léon Poirier, Pabst e Fritz Lang. Seus papéis de maior destaque foram o monge apaixonado em *Joana D'Arc* de Dreyer (1928), Danton, no *Napoléon* de Abel

---

1. Designada como *Anabella* em *O teatro e seu duplo*.

Gance (1927), e Savonarola na *Lucrécia Bórgia*, também de Gance (1934). No entanto, encarava o trabalho em cinema como ganha-pão, como meio de contornar suas constantes dificuldades econômicas, e que lhe tomava um tempo que preferiria dedicar à encenação teatral. Mesmo assim, escreveu sinopses e roteiros, inclusive *La Coquille et le Clergyman,* realizado e deturpado por Germaine Dullac: seria uma obra cinematográfica precursora e puramente surrealista, a ponto de Artaud achar que *L'Âge D'Or* e outros trabalhos do gênero seguiam a mesma trilha. Mas ele fazia restrições à mediação e ao consequente distanciamento tanto no cinema como no rádio, preferindo o contato direto propiciado pelo teatro.

Como escritor, Artaud produziu uma obra imensa: são dezesseis volumes pela edição da Gallimard[2], que ainda assim é incompleta, já que até hoje continuam aparecendo inéditos seus. Aliás, a história da edição da sua obra completa é caótica, com divergências entre a família do autor, os organizadores da obra e outros detentores de textos, alguns empenhando-se na divulgação do maior número possível de textos e outros procurando retê-los. Tanto é assim que o plano editorial da Gallimard foi refeito várias vezes, programando-se novos volumes e acrescentando-se suplementos aos já editados. Contribui para isso a multiplicidade da própria obra de Artaud: são poemas, cartas, textos de palestras, ensaios, artigos, manifestos, narrativas, traduções e adaptações, peças de teatro, entrevistas e depoimentos, roteiros, sinopses de cinema etc. Artaud considerava-se, em primeira instância, um poeta (ver as *Cartas de Rodez* da presente edição). No entanto, uma das coisas menos presentes na sua obra são poesias, entendidas como um

---

2. Lembrando: em 1983, quando este livro foi preparado. Atualmente são 26.

gênero literário diferenciado; semelhante produção é restrita, basicamente, aos seus escritos de juventude.

A forma de expressão preferida por Artaud eram cartas. Ele só conseguia escrever apaixonadamente e dirigindo-se a algum interlocutor. Tanto é que, em algumas das suas principais obras (inclusive *Le Thêatre et son Double* e *Les Tarahumaras),* as cartas constam da edição final (não só dos volumes da obra completa, mas também de edições avulsas e livros de bolso), bem como apontamentos e versões posteriormente revistas dos textos. Artaud contraria a noção tradicional de *obra:* num romancista ou num poeta, por exemplo, temos o corpo da obra, o principal, constituído pelos romances ou pelos poemas, e o restante, a sua complementação: cartas, rascunhos, esboços etc., de interesse para o biógrafo ou o pesquisador especializado. Em Artaud, não: tudo é obra, tudo tem literariedade e apresenta interesse, desde os textos mais acabados, com começo, meio e fim (como *Heliogábalo*), até as cartas, os fragmentos, as versões e até apontamentos de cartas. Isso porque Artaud não buscava uma transcendência dada pela permanência da obra, pela sua inscrição e codificação nos anais da literatura, mas sim pela sua *efetividade,* pela expressão das suas ideias e consequente transformação em algo que as ultrapassasse e se inscrevesse não na história da literatura, mas sim no real.

Poeta de dicção baudelairiana e simbolista no começo, Artaud queimou seus escritos de juventude e renegou seu primeiro livro publicado, *Le Tric-Trac du Ciel,* de 1923 (um opúsculo de tiragem reduzida e feito artesanalmente). Segue-se a publicação da sua correspondência com Jacques Rivière (1924), um episódio literariamente notável: Rivière, então diretor da *Nouvelle Revue Française,* recusara seus poemas para publicação; passaram a corresponder-se e Rivière acabou recomendando a publicação das cartas, nas quais Artaud fala do seu conflito com o pensamento e da sua dificuldade para expressar-se, já no estilo autoconfessional, de depoimento, tão caracteristicamente seu. Depois vieram *L'Ombilic des Limbes* e *Le Pèse-Nerfs*, de 1925, e *L'Art et la Mort*, de 1929, coletâneas de textos do seu período surrealista, reunindo cartas, manifestos, artigos e prosa poética.

Artaud participou do movimento surrealista de 1924 até 1926, ativa e assiduamente. Editou o n. 3 do *La Révolucion Surréaliste* (no qual saíram as cartas-manifesto incluídas na presente edição) e dirigiu o *Bureau de Recherches Surréalistes*. Rompe com os surrealistas no primeiro grande "racha" desse movimento, saindo junto com Desnos, Soupault, Vitrac e outros, quando foi decidida a adesão do surrealismo ao marxismo e ao PC. A ruptura foi polêmica, com trocas de insultos e acusações, como pode ser visto em *A La Grande Nuit* ou *Le Bluff Surréaliste* de Artaud (que é uma resposta ao manifesto surrealista *Au Grand Jour*) e no *Segundo manifesto do surrealismo* de Breton. As acusações e críticas foram posteriormente revistas (a propósito, ver a palestra de Artaud sobre *Surrealismo e revolução,* incluída na presente edição) e, a partir de 1936, Artaud e Breton voltaram a corresponder-se; em 1947, encontraram-se; Breton chegou a convidá-lo para a subsequente exposição internacional do surrealismo, mas Artaud declinou do convite. Os surrealistas estavam, inclusive, entre os intelectuais franceses que se mobilizaram para dar assistência a Artaud no fim da sua vida.

A divergência entre Artaud e Breton não girava apenas em torno da transitória adesão do surrealismo ao PC. Estava em questão – e isso transparece inclusive no depoimento de Breton nos seus *Entrétiens* – a própria orientação a ser dada ao movimento. Há um antagonismo, bem assinalado por Susan Sontag e outros ensaístas, entre a crítica radical, levada às últimas consequências, de Artaud – implicando uma negatividade extremada, um determinado tipo de niilismo – e uma tendência organizadora, voltada para a positividade, presente no surrealismo, manifesta nas tentativas desse movimento de assumir uma identidade ou um perfil político-partidário (quer fosse o comunismo ou, posteriormente, o trotskismo e o anarquismo) e de criar algo como um código, uma poética (por exemplo, a teoria de Breton do "signo ascendente", inaplicável a escritos de Artaud) e uma visão estruturada do mundo. Não deixa de ser curioso e digno de nota que o surrealismo seja, de um lado, radical demais para muitos gostos e criticado como irracionalismo e "assalto à razão" por intelectuais conservadores e burgueses, pelos católicos (tradicionalistas ou socializantes), pelos comunistas (ortodoxos ou dissidentes) e pelos existencialistas; de outro, sob a ótica artausiana, é demasiado organizado e bem-comportado.

Depois da ruptura com o surrealismo, Artaud passa a dedicar-se ao *Théatre Alfred Jarry,* grupo teatral de vanguarda que durou de 1926 até 1929 e que, em meio a grandes dificuldades financeiras, produziu espetáculos polêmicos e inovadores. Também são desse período a sua tradução-adaptação de *The Monk* de Lewis (1931), obra de horror gótico apontada por Breton como precursora do surrealismo, e o seu *Héliogabale ou L'Anarchiste Couronné,* fruto de detalhada pesquisa sobre o assunto (1931/1933).

A partir de 1931 (quando assistiu aos espetáculos de teatro balinês na Exposição Colonial de Vincennes), Artaud passou a elaborar e desenvolver sistematicamente suas ideias sobre o Teatro da Crueldade, dando palestras e redigindo artigos, cartas e manifestos, reunidos em *Le Théâtre et son Double,* promovendo, ao mesmo tempo, leituras e reuniões para arrecadações de fundos, inclusive a leitura de um texto de sua autoria, *La Conquête du Mexique* (1934). Finalmente, encena *Les Cenci*, adaptação de uma história já narrada por Shelley e Stendhal, sobre Beatrice Cenci, violada pelo pai e que o mata. Artaud dirigia e também fazia o papel do pai. Roger Blin estava no elenco e Jean-Louis Barrault chegou a participar da preparação da montagem. *Les Cenci* foi um fracasso de público e crítica e praticamente encerrou a carreira especificamente teatral de Artaud. Aliás, na sua própria opinião o espetáculo estava aquém do Teatro da Crueldade, prejudicado pela falta de recursos e condições de trabalho.

Após a sucessão de fracassos (incluindo palestras nas quais o público abandonava a sala ou o vaiava), Artaud resolve mudar tudo, trocar o texto pela vida e viver a realidade mítica que tanto o fascinava e que era tematizada na sua obra. Para tal, consegue uma subvenção que lhe permite ir ao México pesquisar o ritual do peiote entre os índios taraumaras. A viagem tem várias finalidades: Artaud quer sair do ambiente cultural europeu, em que não o entendiam e que o sufocava; também busca uma cura, através da magia dos índios, para seus problemas de saúde e sua dependência da droga. Acaba encontrando a antevisão do seu calvário, conforme assinala em *Viagem ao país dos taraumaras* (publicado em 1945).

De volta a Paris, Artaud passa a expressar-se num tom profético e delirante, vendo-se como o emissário de catástrofes que se aproximavam: tanto de uma catástrofe no plano mundial quanto no da sua vida pessoal. Os fatos mostraram que não estava errado nas duas antevisões. Essa é a tônica de *Les Nouvelles Révélations de L'Être* (1937), obra publicada sob pseudônimo, assinada apenas por *O Iluminado*, inspirada em estudos do tarot e da cabala, na qual abole sua individualidade para ser mero veículo da palavra profética.

Na mesma época, faz tratamentos de desintoxicação, envolve-se em uma relação malsucedida com a belga Cécile Schramme, faz mais uma conferência escandalosa na Bélgica (invariavelmente, abandonava o texto e passava a encarnar o assunto do qual tratava, em vez de se limitar a discorrer sobre ele) e, em fins de 1937, viaja para a Irlanda, munido do seu "bastão mágico", uma bengala entalhada de São Patrício que levava como se fosse um bruxo com seu talismã. Em Dublin, envolve-se numa confusão até hoje mal esclarecida, na qual perde o bastão e é deportado. Chega à França preso e em camisa de força.

Então começa a parte mais dolorosa e terrível da sua trajetória, seu verdadeiro calvário: ele, que sempre abominara os psiquiatras e os hospícios, passa os nove anos seguintes internado, de hospício em hospício: Sainte-Anne, Quatre-Mares, Ville-Évrard, Chézal-Bénoit, Rodez – durante a guerra, na França ocupada, em condições particularmente difíceis. Por um período, desaparece nessas clínicas, não se sabendo exatamente pelo que passou e o quanto sofreu. É certo que passou fome e esteve com a vida em risco em Ville-Évrard, hospício para o confinamento de loucos tidos como irrecuperáveis. Em 1943, é transferido para Rodez, graças à intervenção do poeta Robert Desnos (que, dois anos depois, morreria de tifo num campo de concentração) e de outros intelectuais. Artaud sai de Ville-Évrard macilento e envelhecido. Em Rodez, é mais bem tratado – seu psiquiatra, dr. Gaston Ferdière, o estimula a escrever e a desenhar; no entanto, além de tratá-lo de maneira paternalista, aplica-lhe eletrochoques.

Em 1946, terminada a guerra, intelectuais de destaque mobilizam-se para tirar Artaud de Rodez e garantir sua subsistência. Entre outros, participaram dessa mobilização figuras do porte de Breton (que integrou um comitê pró-Artaud), Picasso, Albert Camus, Jean-Paul Sartre, Simone de Beauvoir, Jean-Louis Barrault, François Mauriac e Paul Éluard. Artaud passa a residir na clínica de Ivry, nos arredores de Paris, como paciente voluntário e não mais como internado compulsório. Morou e morreu no mesmo quarto onde teria morrido Gérard de Nerval, poeta romântico seu precursor sob vários aspectos (tanto é que Artaud escreveu um estudo sobre ele, quase tão intenso quanto o *Van Gogh*).

Nesta fase final de sua vida, escreve torrencialmente. Livros vão sendo publicados à medida que os termina: *Ci Gît, Artaud le Momo, Van Gogh, La Culture Indienne, Pour en Finir Avec le Jugement du Dieu, Suppôts et Supliciations*. Trabalha junto com Paule Thévenin na edição da sua obra completa. Aparece em leituras públicas de textos seus e são organizadas exposições dos desenhos que fizera em Rodez e Ivry.

Em fins de 1947, grava *Para acabar com o julgamento de deus* para o programa *La Voix des Poètes* da Radiodifusão Francesa. A transmissão é proibida pelo diretor da rádio, provocando uma grande polêmica que repercute na imprensa. Essa foi a última manifestação de Artaud em vida: como todas as anteriores, marcada pelo escândalo, pela incompreensão e pela derrota, encerrando uma trajetória de encenações teatrais mal-entendidas e rejeitadas pela crítica, palestras que escandalizavam o público e textos que, enquanto viveu, foram publicados em pequenas tiragens e lidos por uma minoria de intelectuais mais esclarecidos.

A 4 de março de 1948, Artaud é encontrado morto em seu quarto de Ivry, caído aos pés da cama, agarrando um sapato. O diagnóstico é câncer no reto. O dr. Ferdière, que o tratara em Rodez, insinua que na verdade ele morreu envenenado, intoxicado pelas quantidades de heroína e morfina que tomava. Outros – como Teixeira Coelho em seu *Artaud* – lembram a possibilidade de um suicídio. No entanto, a versão mais plausível é mesmo a do câncer, endossada pela maioria dos seus biógrafos e ensaístas. Segundo Paule Thévenin, o câncer já havia sido diagnosticado antes. Artaud já sofria de problemas intestinais (mencionados nas suas cartas) e sua saúde piorava visivelmente (basta ver suas últimas fotos). Thévenin afirma, inclusive, que Artaud sabia que estava morrendo, embora não lhe tivessem falado do câncer. As doses de ópio, heroína e cloral tinham, portanto, a finalidade de mitigar suas dores.

Depois da sua morte, a influência e a repercussão da obra e das ideias de Artaud foram se ampliando de forma crescente. Hoje em dia, suas propostas sobre teatro são práticas correntes: é difícil distinguir quando a criação coletiva, a invenção e improvisação em cena, o primado do gestual e da expressão corporal, bem como de todas as formas de comunicação não verbal e das várias tentativas de ruptura da separação entre palco e plateia, correspondem a uma influência específica do pensamento de Artaud ou são apenas procedimentos comuns a todo teatro de vanguarda. Outras manifestações especificamente vanguardistas e hoje habituais, como o happening, a performance e a body art – quando o artista se põe no lugar da obra, encarnando-a –, têm em Artaud seu inventor.

Na área da assim chamada antipsiquiatria – ou seja, das correntes mais críticas e inovadoras da psiquiatria e psicanálise – basta lembrar que R.D. Laing testemunhou que a leitura do *Van Gogh* de Artaud teve um papel decisivo no desenvolvimento e encaminhamento das suas ideias revolucionárias. Artaud também comparece como referência fundamental na *História da loucura* de Michel Foucault (bem como em outras obras do grande pensador, inclusive *As palavras e as coisas*, na crítica ao uso "transitivo" da linguagem do final do livro). Para Foucault, Artaud virou pelo avesso, subverteu completamente as noções tradicionalmente aceitas sobre a relação entre criação e loucura: não são mais as obras dos loucos e malditos que precisam justificar-se diante da psicologia, mas sim a psicologia que agora deve tentar justificar-se diante de tais obras. Também em *O anti-Édipo* de Deleuze e Guattari, Artaud comparece como paradigma (em companhia de Beckett e Schreber), para fundamentar a noção de "esquizoanálise", de "máquinas desejantes" e do antagonismo entre a paranoia da nossa sociedade e o esquizoidismo que busca a plena satisfação do desejo.

A bibliografia sobre Artaud – ensaios críticos, estudos, biografias – é atualmente gigantesca. Basta dizer que uma das edições de revistas inteiramente dedicadas a ele – *La Tour du Feu* n. 63-64 de 1959 – provocou uma polêmica que, por sua vez, gerou *duzentos* artigos críticos. Há um pensamento sobre a linguagem e sua relação com o corpo e a consciência que está presente em toda a produção de Artaud e se constitui em referência fundamental para os estudos mais avançados no campo da linguística estrutural, semiologia e semiótica. Dentre os estudos mais sérios, é indispensável o denso trabalho de Maurice Blanchot publicado em *Le Livre a Venir* (Gallimard, 1959). É cultuado (junto com outro "maldito" fundamental, Lautréamont, por sua vez também tema de um apaixonado e delirante estudo por Artaud) pelos intelectuais que se agruparam ao redor da revista *Tel Quel* (Julia Kristeva, Phillipe Sollers, Marcelin Pleynet e outros). Dentro dessa bibliografia, tem especial importância o ensaio de Jacques Derrida, *A palavra soprada* (incluído em *A escritura e a diferença*).

No campo da discussão do alcance e implicações das drogas tidas como tóxicas ou alucinógenas, a experiência e o depoimento de Artaud tiveram papel de destaque, tanto na fundamentação da crítica à repressão policial e às campanhas antidroga, como no estímulo das mais variadas modalidades de aventura psicodélica. Em termos mais gerais, pode-se afirmar que todas as correntes de pensamento genericamente denominadas de "contracultura" devem alguma coisa a Artaud e são, em maior ou menor grau, um legado seu; inclusive, é claro, os movimentos que buscam uma transformação da sociedade através de mudanças da vida e do comportamento, fora dos quadros político-partidários convencionais. É significativo que, durante a rebelião de maio de 1968 na França, a *Carta aos reitores das universidades europeias*, de 1925, tenha servido como panfleto revolucionário e sido afixada na Sorbonne – a mesma Sorbonne onde suas conferências haviam sido vaiadas em 1931 e 33.

No entanto, assim como ainda existem textos inéditos de Artaud e outros a serem acrescentados à edição da sua obra completa, também no plano do estudo do seu trabalho, da sua divulgação e da ampliação da sua influência ainda há muita coisa a ser dita e a ser feita, apesar da enorme bibliografia a respeito. A multiplicidade da sua obra possibilita uma variedade incrível de leituras. Além disso, tem a grande vantagem de não permitir a formação de seitas de discípulos e seguidores, de não servir para a proliferação de escolas literárias. Alguns tentam escrever à moda de Artaud e só conseguem produzir cópias empalidecidas, epigonais. Artaud é único, irrepetível e principalmente *irrecuperável*; qualquer estudo acadêmico a seu respeito consegue apenas captar algum dos seus aspectos e facetas. O que ele nos deixou, o que ele efetivamente transmitiu, foi não um conjunto de ensinamentos ou de normas estéticas, mas sim uma atitude, uma postura de rebelião radical, de inconformismo e de recusa a compactuar com a nossa civilização. E sempre é bom lembrar que a trajetória de Artaud, por maior que tenha sido sua consagração depois da morte, continua se defrontando com a perspectiva da derrota e do fracasso. Afinal, por mais que tenha contribuído para estimular o surgimento de tendências vanguardistas e libertárias, isso continua acontecendo dentro de um mundo e de uma sociedade que, cada vez mais, se assemelham à imagem de mundo e de sociedade retratados em obras como *Para acabar com o julgamento de deus* e *Artaud le Mômo*.

Os dados para esta nota bibliográfica e para as notas subsequentes foram extraídos dos comentários da edição da sua *Oeuvre Complète* pela Gallimard; das notas adicionais de Susan Sontag para *Antonin Artaud – Selected Writings* (Farrar, Strauss and Giroux, Nova York, 1976, tradução de Helen Weaver – 600 páginas de textos escolhidos e mais um estudo importante de Sontag, também publicado separadamente como livro); da biografia por Martin Esslin *(Artaud,* Editora Cultrix – EDUSP, 1978 –, que vale a pena ler, apesar de algumas opiniões e interpretações discutíveis e superficiais); do *Artaud – L'Aliénation et la Folie,* de Gérard Durozoi (Larousse, Paris, 1972, um dos melhores estudos introdutórios sobre Artaud); do *Antonin Artaud,* de Teixeira Coelho, para o Encanto Radical da Brasiliense (São Paulo, 1982); do *Essai sur Antonin Artaud* de Georges Charbonnier (Pierre Seghers, Paris, 1959); de *Artaud and After,* por Ronald Hayman (Oxford University Press, 1977, com um belo material iconográfico); de *Antonin Artaud e o teatro,* por Alain Virmaux (Perspectiva, São Paulo, 1978, interessante e com bom material iconográfico).

Para quem quiser aprofundar-se, recomendo a coletânea de textos *Artaud,* organizada por Philippe Sollers (Ed. UGE, Paris, 1973), transcrevendo o colóquio de Cerisy--la-Salle, inclusive o estudo de Julia Kristeva, também encontrável em edição argentina *(El Pensamiento de Antonin Artaud,* Ed. Calden, 1975); o número especial da revista *Oblïque* n. 17, com a reprodução dos desenhos de Artaud; *A escritura e a diferença* de Jacques Derrida (Ed. Perspectiva, 1978). Várias obras de Artaud foram traduzidas para o espanhol e algumas também para o português, editadas em Portugal. Das espanholas, as melhores são as da Fundamentos, que incluem as notas da Gallimard; das portuguesas, a tradução do *Heliogábalo* feita pelo grande poeta surrealista Mario Cesariny; e a tradução do *Teatro e seu duplo* pela Minotauro, da excelente poeta Fiamma Hesse Pais Brandão.

Claudio Willer

Manifestos e cartas do período surrealista

(1924-1927)

Os textos a seguir estão no Volume I da Obra Completa e são posteriores à correspondência com Jacques Rivière, ou seja, à decisão tomada por Artaud de escrever de forma mais livre e menos "literária". *Toda escrita é porcaria...* faz parte do *Le Pèse Nerfs*, coletânea de textos contemporânea de *L'Ombilic des Limbes* e de *L'Art et la Mort*, obras nas quais Artaud junta cartas, manifestos, artigos, depoimentos e poemas em prosa. Dentre esses, deve-se destacar seus textos sobre Abelardo e Heloísa, nos quais é abordada a complexa e contraditória relação entre amor, linguagem, corpo e sexo, bem como os belos poemas em prosa sobre Paolo Ucello (a pintura sempre inspirou Artaud, e são muitos os seus textos voltados para a obra de algum artista plástico) e a antológica *Lettre à la Voyante*, carta que é também um poema lírico. Dos depoimentos, o mais importante é o *Fragments d'un Journal d'Enfer*, no qual fala da "paralisia" que o ameaça, da sua dor, do "nó de asfixia central", proclamando: *Acredito em conjurações espontâneas. Nos caminhos por onde meu sangue me arrasta, é impossível que um dia eu não encontre uma verdade... Escolhi o domínio da dor e da sombra assim como outros escolheram o do brilho e da acumulação da matéria.* Não trabalho na extensão de um domínio qualquer. Trabalho unicamente na duração.

As cartas-manifesto são do número 3 de *La Révolution Surréaliste*. Artaud afirmou, no fim da vida, que elas não eram integralmente da sua autoria e que Robert Desnos teria redigido o manifesto contra os psiquiatras. Ao serem publicados, saíram efetivamente como texto coletivo, subscrito pelo grupo surrealista. No entanto, esses textos – como todos os demais que ele escreveu nesse período – são muito mais Artaud que surrealismo. Apresentam uma antevisão ou programa, expondo os temas que desenvolveria – e viveria – ao longo da sua obra e da sua vida. A Carta ao Papa antecipa *Para Acabar com o julgamento de deus* e todas as suas demais diatribes contra o cristianismo; o manifesto antimanicômios, a sua passagem pelos hospícios entre 1937 e 1946; o manifesto contra a proibição do ópio é retomado nas *Cartas de Rodez*; a resposta à *enquête* sobre o suicídio levanta a questão dos suicidados pela sociedade, desenvolvida no *Van Gogh*.

No mesmo número do *La Révolution Surréaliste* é publicado o relatório das atividades do *Bureau de Recherches Surréalistes*, que termina com a seguinte afirmação: *Aqui se instala uma certa fé, mas que os coprolálicos me ouçam, os afásicos e em geral todos os descrentes das palavras e do verbo, os párias do pensamento.* Novamente, uma declaração de princípios muito mais do próprio Artaud que do movimento surrealista.

C.W.

O Pesa-Nervos
[trecho]

Toda escrita é porcaria.

Todos aqueles que saem do vago para tentar explicar seja lá o que lhes passa no pensamento são porcos.

Toda gente literária é porca, especialmente essa do nosso tempo.

Todos os que possuem pontos de referência no espírito, quero dizer, de um lado certo da cabeça, sobre lugares bem demarcados do cérebro; todos aqueles que são mestres da língua; todos aqueles para quem as palavras têm sentido; todos aqueles para quem existem elevações da alma e correntes do pensamento, aqueles que são o espírito da sua época e que nomeiam essas correntes do pensamento; penso nas suas mesquinhas atividades precisas e nesse ranger de autômatos espalhado para todos os lados por seu espírito;

– são porcos.

Aqueles para os quais certas palavras têm sentido e certas maneiras de ser; aqueles que têm tão boas maneiras; aqueles para quem os sentimentos podem ser classificados e que discutem um grau qualquer das suas hilariantes classificações, aqueles que ainda acreditam em "termos"; os que remexem com as ideologias de destaque na época; aqueles cujas mulheres falam tão bem, e suas mulheres também, que falam tão bem, e falam das tendências da sua época; os que ainda acreditam numa orientação do espírito; os que seguem caminhos, que acenam com nomes, que fazem gritar as páginas dos livros;

– esses são os piores porcos.

Moço, como você está sendo gratuito!

Não; penso nos críticos barbudos.

Já falei: nada de obras, nada de língua, nada de palavras, nada de espírito, nada.

Nada a não ser um belo Pesa-Nervos.

Uma espécie de parada incompreensível e bem erguida no meio de tudo no espírito.

E não esperem que eu nomeie esse tudo, diga em quantas partes se divide, qual é seu peso, que eu entre nessa, que me ponha a discutir esse todo, e que discutindo me perca e assim comece, sem saber, a PENSAR – e que se esclareça, que viva, que se atavie com uma multidão de palavras, todas bem untadas de sentido, todas diferentes, capazes de expor todas as atitudes, todas as sutilezas de um pensamento tão sensível e penetrante.

Ah, esses estados nunca nomeados, essas situações eminentes da alma; ah, esses intervalos do espírito; ah, essas minúsculas falhas que são o pão cotidiano das minhas horas; ah, essa formigante população de dados – são sempre as mesmas palavras que me servem e na verdade pareço não avançar muito no meu pensamento, mas na realidade avanço muito mais que vocês, burros barbados, porcos pertinentes, mestres do falso verbo, arranjadores de retratos, folhetinistas, rés do chão, entomologistas, chaga da minha língua.

Já disse, eu já não tenho mais língua, isso não é motivo para que persistam, para que insistam na língua.

Chega, serei compreendido daqui a dez anos pelas pessoas que então estiverem fazendo o que vocês fazem agora. Então conhecerão meus mananciais de água fervente, verão minhas geleiras, aprenderão a neutralizar meus venenos, entenderão os jogos da minha alma.

Então todos os meus cabelos estarão sepultados na cal, todas as minhas veias mentais; então enxergarão meu bestiário, e minha mística terá se transformado em um chapéu. Então verão as juntas das pedras fumegarem, arborescentes ramalhetes de olhos mentais se cristalizarão em glossários; então verão tombarem aerólitos de pedra; então verão cordas; então compreenderão a geometria sem espaço; entenderão a configuração do espírito e saberão como perdi meu espírito.

Então compreenderão por que meu espírito não está mais aí; então verão todas as línguas se paralisarem, todos os espíritos ressecarem, todas as línguas se encarquilharem, os vultos humanos se achatarem e desinflarem como se aspirados por ventosas sugadoras; e esta lubrificante membrana continuará flutuando no ar, esta membrana lubrificante e cáustica, esta membrana com dupla espessura, inúmeros níveis, uma infinidade de fendas, esta melancólica e vítrea membrana, porém tão sensível, tão pertinente, tão capaz de se desdobrar, se multiplicar, de dar voltas com sua reverberação de fendas, sentidos, estupefacientes, irrigações penetrantes e contagiosas;

    então acharão que está tudo muito bem,
    e não precisarei mais falar.

O suicídio é uma solução?

[resposta a uma *enquête* surrealista]

Não, o suicídio ainda é uma hipótese. Quero ter o direito de duvidar do suicídio assim como de todo o restante da realidade. É preciso, por enquanto e até segunda ordem, duvidar atrozmente não propriamente da existência, que está ao alcance de qualquer um, mas da agitação interior e da profunda sensibilidade das coisas, dos atos, da realidade. Não acredito em coisa alguma à qual eu não esteja ligado pela sensibilidade de um cordão pensante, como que meteórico, e ainda assim sinto falta de mais meteoros em ação. A existência construída e sensível de qualquer homem me aflige e decididamente abomino toda realidade. O suicídio nada mais é que a conquista fabulosa e remota dos homens bem-pensantes, mas o estado propriamente dito do suicídio me é incompreensível. O suicídio de um neurastênico não tem qualquer valor de representação, mas sim o estado de espírito de um homem que efetivamente tiver determinado seu suicídio, suas circunstâncias materiais e o momento do seu desfecho maravilhoso. Desconheço o que sejam as coisas, ignoro todo estado humano, nada no mundo se volta para mim, dá voltas em mim. Tolero terrivelmente mal a vida. Não existe estado que eu possa atingir. E certamente já morri faz tempo, já me suicidei. *Me suicidaram*, quero dizer. Mas que achariam de um *suicídio anterior*, de um suicídio que nos fizesse dar a volta, porém para o outro lado da existência, não para o lado da morte? Só esse teria valor para mim. Não sinto o apetite da morte, sinto o apetite de *não ser*, de jamais ter caído nesse torvelinho de imbecilidades, de abdicações, de renúncias e de encontros obtusos que é o eu de Antonin Artaud, bem mais frágil que ele. O eu deste enfermo errante que de vez em quando vem oferecer sua sombra sobre a qual ele já cuspiu e faz muito tempo, este eu capenga, apoiado em muletas, que se arrasta; este eu virtual, impossível e que todavia se encontra na realidade. Ninguém como ele sentiu a fraqueza que é a fraqueza principal, essencial da humanidade. A ser destruída, a não existir.

Segurança pública

A LIQUIDAÇÃO DO ÓPIO

Tenho a intenção declarada de encerrar o assunto de uma vez por todas, para que não venham mais nos encher a paciência com os assim chamados perigos da droga.

Meu ponto de vista é nitidamente antissocial.

Só há uma razão para atacar o ópio. Aquela do perigo que seu uso acarreta ao conjunto da sociedade.

Acontece que este perigo é falso.

Nascemos podres de corpo e alma, somos congenitamente inadaptados; suprimam o ópio: não suprimirão a necessidade do crime, os cânceres do corpo e da alma, a inclinação para o desespero, o cretinismo inato, a sífilis hereditária, a fragilidade dos instintos; não impedirão que haja almas destinadas a seja qual for o veneno, veneno da morfina, veneno da leitura, veneno do isolamento, veneno do onanismo, veneno dos coitos repetidos, veneno da arraigada fraqueza da alma, veneno do álcool, veneno do tabaco, veneno da antissociabilidade. Há almas incuráveis e perdidas para o restante da sociedade. Suprimam-lhes um dos meios para chegar à loucura: inventarão dez mil outros. Criarão meios mais sutis, mais selvagens; meios absolutamente *desesperados*. A própria natureza é antissocial na sua essência – só por uma usurpação de poderes que o corpo da sociedade consegue reagir contra a tendência *natural* da humanidade.

Deixemos que os perdidos se percam: temos mais o que fazer que tentar uma recuperação impossível e ademais inútil, *odiosa e prejudicial.*

Enquanto não conseguirmos suprimir qualquer uma das causas do desespero humano, não teremos o direito de tentar a supressão dos meios pelos quais o homem tenta se livrar do desespero.

Pois seria preciso, inicialmente, suprimir esse impulso natural e oculto, essa tendência *ilusória* do homem que o leva a buscar um meio, que lhe dá a *ideia* de buscar um meio para fugir às suas dores.

Além do mais, os perdidos são perdidos por sua própria natureza; todas as ideias de regeneração moral de nada servem; há um *determinismo inato*; há uma incurabilidade definitiva no suicídio, no crime, na idiotia, na loucura; há uma invencível corneação entre os homens; há uma fragilidade do caráter; há uma castração do espírito.

A afasia existe; a *tabes dorsalis* existe; a meningite sifilítica, o roubo, a usurpação. O inferno já é deste mundo e há homens que são desgraçados, fugitivos do inferno, foragidos destinados a recomeçar *eternamente* sua fuga. E por aí afora.

O homem é miserável, a carne é fraca, há homens que sempre se perderão. Pouco importam os meios para perder-se: *a sociedade nada tem a ver com isso.*

Demonstramos – não é? – que ela nada pode, que ela perde seu tempo, que ela apenas insiste em arraigar-se na sua estupidez.

Aqueles que ousam encarar os fatos de frente sabem – não é verdade? – os resultados na proibição no álcool nos Estados Unidos.

Uma superprodução da loucura: cerveja com éter, álcool carregado com cocaína vendido clandestinamente, o pileque multiplicado, uma espécie de porre coletivo. *Em suma, a lei do fruto proibido.*

A mesma coisa com o ópio.

A proibição, que multiplica a curiosidade, só serviu aos rufiões da medicina, do jornalismo, da literatura. Há pessoas que construíram fecais e industriosas reputações sobre sua pretensa indignação contra a inofensiva e ínfima seita dos amaldiçoados da droga (inofensiva porque ínfima e porque sempre uma exceção), essa minoria de amaldiçoados em espírito, alma e doença.

Ah! Como o cordão umbilical da moralidade está bem atado neles! Desde a saída do ventre materno – não é? – jamais pecaram. São apóstolos, descendentes de sacerdotes: só falta saber como se abastecem da sua indignação, quanto levam nessa, o que ganham com isso.

E, de qualquer forma, essa não é a questão.

Na verdade, o furor contra o tóxico e as estúpidas leis que vêm daí:

1º *É inoperante contra a necessidade do tóxico* que, saciada ou insaciada, é inata à alma e induziria a gestos decididamente antissociais *mesmo se o tóxico não existisse.*

2º *Exaspera a necessidade social do tóxico* e o transforma em vício secreto.

3º *Agrava a doença real* e esta é a verdadeira questão, o nó vital, o ponto crucial:

Desgraçadamente para a doença, a medicina existe.

Todas as leis, todas as restrições, todas as campanhas contra os estupefacientes somente conseguirão subtrair a todos os necessitados da dor humana, que têm direitos imprescritíveis no plano social, o lenitivo dos seus sofrimentos, um alimento que para eles é mais maravilhoso que o pão, e o meio, enfim, de reingressar na vida. Antes a peste que a morfina, uiva a medicina oficial; antes o inferno que a vida. Só imbecis como J.P. Liausu (que além disso é um monstrengo ignorante)[1] para querer *que os doentes se macerem na sua doença.*

E é aqui que a canalhice do personagem abre o jogo e diz a que vem: *em nome, pretende ele, do bem coletivo.*

Suicidem-se, desesperados, e vocês, torturados de corpo e alma, percam a esperança. Não há mais salvação no mundo. O mundo vive dos seus matadouros.

E vocês, loucos lúcidos, sifilíticos, cancerosos, meningíticos crônicos, vocês são incompreendidos. Há um ponto em vocês que médico algum jamais entenderá e é este ponto, a meu ver, que os salva e torna augustos, puros e maravilhosos: vocês estão além da vida, seus males são desconhecidos pelo homem comum, vocês ultrapassaram o plano da normalidade e daí a severidade demonstrada pelos homens, vocês envenenam sua tranquilidade, corroem sua estabilidade. Suas dores

---

1. J.P. Liausu: intelectual conservador que chefiou uma campanha anticocaína na época.

irreprimíveis são, em essência, impossíveis de serem enquadradas em qualquer estado conhecido, indescritíveis com palavras. Suas dores repetidas e fugidias, dores insolúveis, dores fora do pensamento, dores que não estão no corpo nem na alma *mas que têm* a *ver com ambos*. E eu, que participo dessas dores, pergunto: quem ousaria dosar nosso calmante? Em nome de que clareza superior, almas nossas, nós que estamos na verdadeira raiz da clareza e do conhecimento? E isso, pela nossa postura, pela nossa insistência em sofrer. Nós, a quem a dor fez viajar por nossas almas em busca de um lugar mais tranquilo ao qual pudéssemos nos agarrar, em busca da estabilidade no sofrimento como os outros no bem-estar. Não somos loucos, somos médicos maravilhosos, conhecemos a dosagem da alma, da sensibilidade, da medula, do pensamento. Que nos deixem em paz, que deixem os doentes em paz, nada pedimos aos homens, só queremos o alívio das nossas dores. Avaliamos nossas vidas, sabemos que elas admitem restrições da parte dos demais e, principalmente, da nossa parte. Sabemos a que concessões, a que renúncias a nós mesmos, a que paralisias da sutileza nosso mal nos obriga a cada dia. Por enquanto, não nos suicidaremos. Esperando que nos deixem em paz.

À mesa

Abandonem as cavernas do ser. Venham. O espírito respira para fora do espírito. É tempo de deixarem suas moradas. Cedam ao Todo-Pensamento. O Maravilhoso está na raiz do espírito.

Nós estamos por dentro do espírito, no interior da cabeça. Ideia, lógica, ordem, Verdade (com V maiúsculo), Razão, deixamos tudo isso ao nada da morte. Cuidado com suas lógicas, Senhores, cuidado com suas lógicas, não sabem até onde pode nos levar nosso ódio à lógica.

É só por um desvio da vida, por uma parada imposta ao espírito, que se pode fixar a vida na sua fisionomia dita real, mas a realidade não está aí. Por isso é desnecessário, a nós que aspiramos a uma certa eternidade surreal, que faz muito tempo já não nos consideramos mais no presente e que nos assemelhamos a nossas sombras reais, é desnecessário virem nos aborrecer em espírito.

Quem nos julga não nasceu para o espírito, para esse espírito que desejamos expressar e que está, para nós, fora do que vocês chamam de espírito. Não precisam chamar nossa atenção para as cadeias que nos prendem à petrificante imbecilidade do espírito. Descobrimos um bicho novo. Os céus respondem à nossa atitude de insensato absurdo. Esse seu hábito de voltar as costas às questões não impedirá que, no dia certo, os céus se abram e uma nova língua se instale no meio das suas elucubrações imbecis, quero dizer, das elucubrações imbecis dos seus pensamentos.

Há signos no Pensamento. Nossa atitude de absurdo e morte é a da maior boa vontade. Através das fendas de uma realidade doravante inviável, fala um mundo voluntariamente sibilino.

Sim, eis agora o único uso ao qual poderá prestar-se a linguagem, como instrumento para a loucura, para a eliminação do pensamento, para a ruptura, dédalo dos desregramentos, e não como um DICIONÁRIO para o qual certos patifes das imediações do Sena canalizam suas contradições espirituais.

Carta aos reitores das universidades europeias

Senhores Reitores,
Na estreita cisterna que os Srs. chamam de "Pensamento", os raios espirituais apodrecem como palha.

Chega de jogos da linguagem, de artifícios da sintaxe, de prestidigitações com fórmulas, agora é preciso encontrar a grande Lei do coração, a Lei que não seja uma lei, uma prisão, mas um guia para o Espírito perdido no seu próprio labirinto. Além daquilo que a ciência jamais conseguirá alcançar, lá onde os feixes da razão se partem contra as nuvens, existe esse labirinto, núcleo central para o qual convergem todas as forças do ser, as nervuras últimas do Espírito. Nesse dédalo de muralhas móveis e sempre removidas, fora de todas as formas conhecidas do pensamento, nosso Espírito se agita, espreitando seus movimentos mais secretos e espontâneos, aqueles com um caráter de revelação, essa ária vinda de longe, caída do céu.

Mas a raça dos profetas extinguiu-se. A Europa cristaliza-se, mumifica-se lentamente sob as ataduras das suas fronteiras, das suas fábricas, dos seus tribunais, das suas universidades. O Espírito congelado racha entre lâminas minerais que se estreitam ao seu redor. A culpa é dos vossos sistemas embolorados, vossa lógica de 2 mais 2 fazem 4; a culpa é vossa, Reitores presos no laço dos silogismos. Os Srs. fabricam engenheiros, magistrados, médicos aos quais escapam os verdadeiros mistérios do corpo, as leis cósmicas do ser, falsos sábios, cegos para o além-terra, filósofos com a pretensão de reconstituir o Espírito. O menor ato de criação espontânea é um mundo mais complexo e revelador que qualquer metafísica.

Deixem-nos pois, os Senhores nada mais são que usurpadores. Com que direito pretendem canalizar a inteligência, dar diplomas ao Espírito?

Os Senhores nada sabem do Espírito, ignoram suas ramificações mais ocultas e essenciais, essas pegadas fósseis tão próximas das nossas próprias origens, rastros que às vezes conseguimos reconstituir sobre as mais obscuras jazidas dos nossos cérebros.

Em nome da vossa própria lógica, voz dizemos: a vida fede, Senhores. Olhem para seus rostos, considerem seus produtos. Pelo crivo dos vossos diplomas passa uma juventude abatida, perdida. Os Senhores são a chaga do mundo e tanto melhor para o mundo, mas que ele se acredite um pouco menos à frente da humanidade.

Carta ao Papa

O Confessionário não é você, oh Papa, somos nós; entenda-nos e que os católicos nos entendam.

Em nome da Pátria, em nome da Família, você promove a venda das almas, a livre trituração dos corpos.

Temos, entre nós e nossas almas, suficientes caminhos para percorrer, suficientes distâncias para que neles se interponham os teus sacerdotes vacilantes e esse amontoado de doutrinas afoitas das quais se nutrem todos os castrados do liberalismo mundial.

Teu Deus católico e cristão que, como todos os demais deuses, concebeu todo o mal:

1º Você o enfiou no bolso.

2º Nada temos a fazer com teus cânones, índex, pecado, confessionário, padralhada, nós pensamos em outra guerra, guerra contra você, Papa, cachorro.

Aqui o espírito se confessa para o espírito.

De ponta a ponta do teu carnaval romano, o que triunfa é o ódio sobre as verdades imediatas da alma, sobre essas chamas que chegam a consumir o espírito. Não existem Deus, Bíblia, Evangelho; não existem palavras que possam deter o espírito.

Nós não estamos no mundo, oh Papa confinado no mundo; nem a terra nem Deus falam de você.

O mundo é o abismo da alma, Papa caquético, Papa alheio à alma, deixe-nos nadar em nossos corpos, deixe nossas almas em nossas almas, não precisamos do teu facão de claridades.

Carta ao Dalai Lama

Somos teus mui fiéis servidores, ó Grande Lama, concede-nos, envia-nos tuas luzes numa linguagem que nossos contaminados espíritos de europeus possam entender e, se necessário, transforma nosso Espírito, dá-nos um espírito voltado para esses cumes perfeitos onde o Espírito do Homem já não sofre mais.

Dá-nos um Espírito sem hábitos, um espírito verdadeiramente congelado dentro do Espírito, ou então um Espírito com hábitos mais puros, os teus, se forem bons para a liberdade.

Estamos rodeados de papas decrépitos, literatos, críticos, cachorros; nosso Espírito está entre cães que pensam imediatamente ao nível da terra, que pensam irremediavelmente com o presente.

Ensina-nos, Lama, a levitação material dos corpos e como poderíamos deixar de estar presos à terra.

Pois bem sabes a que libertação transparente das almas, a que liberdade do Espírito no Espírito, oh Papa aceitável, oh Papa em espírito verdadeiro, nós nos referimos.

É com o olho interior que te contemplo, oh Papa no ápice do interior. É a partir do interior que me assemelho a ti, eu, ímpeto, ideia, língua, levitação, sonho, grito, renúncia à ideia, suspenso entre as formas, só esperando o vento.

Carta aos médicos-chefes dos manicômios

Senhores,

As leis e os costumes vos concedem o direito de medir o espírito. Essa jurisdição soberana e temível é exercida com vossa razão. Deixai-nos rir. A credulidade dos povos civilizados, dos sábios, dos governos, adorna a psiquiatria de não sei que luzes sobrenaturais. O processo da vossa profissão já recebeu seu veredito. Não pretendemos discutir aqui o valor da vossa ciência nem a duvidosa existência das doenças mentais. Mas para cada cem supostas patogenias nas quais se desencadeia a confusão da matéria e do espírito, para cada cem classificações das quais as mais vagas ainda são as mais aproveitáveis, quantas são as tentativas nobres de chegar ao mundo cerebral onde vivem tantos dos vossos prisioneiros? Quantos, por exemplo, acham que o sonho do demente precoce, as imagens pelas quais ele é possuído, são algo mais que uma salada de palavras?

Não nos surpreendemos com vosso despreparo diante de uma tarefa para a qual só existem uns poucos predestinados. No entanto nos rebelamos contra o direito concedido a homens – limitados ou não – de sacramentar com o encarceramento perpétuo suas investigações no domínio do espírito.

E que encarceramento! Sabe-se – não se sabe o suficiente – que os hospícios, longe de serem asilos, são pavorosos cárceres onde os detentos fornecem uma mão de obra gratuita e cômoda, onde os suplícios são a regra, e isso é tolerado pelos senhores. O hospício de alienados, sob o manto da ciência e da justiça, é comparável à caserna, à prisão, à masmorra.

Não levantaremos aqui a questão das internações arbitrárias, para vos poupar o trabalho dos desmentidos fáceis. Afirmamos que uma grande parte dos vossos pensionistas, perfeitamente loucos segundo a definição oficial, estão, eles também, arbitrariamente internados. Não admitimos que se freie o livre desenvolvimento de um delírio, tão legítimo e lógico quanto qualquer outra sequência de ideias e atos humanos. A repressão dos atos antissociais é tão ilusória quanto inaceitável no seu fundamento. Todos os atos individuais são antissociais. Os loucos são as vítimas individuais por excelência da ditadura social; em nome dessa individualidade intrínseca ao homem, exigimos que sejam soltos esses encarcerados da sensibilidade, pois não está ao alcance das leis prender todos os homens que pensam e agem.

Sem insistir no caráter perfeitamente genial das manifestações de certos loucos, na medida da nossa capacidade de avaliá-las, afirmamos a legitimidade absoluta da sua concepção de realidade e de todos os atos que dela decorrem.

Que tudo isso seja lembrado amanhã pela manhã, na hora da visita, quando tentarem conversar sem dicionário com esses homens sobre os quais, reconheçam, os senhores só têm a superioridade da força.

Heliogábalo ou
o anarquista coroado

Publicado em 1934, escrito em 1932/1933 – paralelamente ao trabalho sobre o Teatro da Crueldade –, esse livro foi patrocinado pelo editor Denoël, permitindo que Artaud pesquisasse minuciosamente o assunto, recorrendo a uma bibliografia de aproximadamente cinquenta títulos sobre História da Antiguidade e temas correlatos. O período de preparação da obra coincide com a paixão de Artaud por Anaïs Nin. Nas suas cartas para Anaïs Nin, Artaud refere-se às suas pesquisas e ao seu interesse pelo assunto. Ela, por sua vez, nos relata que Artaud se identificava com o personagem a ponto de achar que era o próprio Heliogábalo e o mundo ao seu redor, a Roma decadente. Aliás, esta é uma característica de Artaud: ele só conseguia escrever ou produzir apaixonadamente entregando-se totalmente ao tema, assumindo-o plenamente.

O trecho selecionado corresponde à maior parte do Capítulo III do livro, que narra o breve reinado do imperador-adolescente. Os capítulos precedentes tratam dos antecedentes históricos e do contexto religioso e social. Há também três apêndices incluídos na edição, sobre o *Cisma de Irshu* (baseado em Fabre D'Olivet, historiador-esoterista), a religião solar da Síria e o *Zodíaco de Ram*. Artaud abre o texto tratando da linhagem matriarcal: *Heliogábalo nasceu numa época em que todo mundo dormia com todo mundo, nunca se saberá por quem sua mãe foi realmente fecundada. Para um príncipe sírio como ele, a filiação se faz através das mães.* A ascendência materna na linhagem dos Bassânidas – potentados sírios que chegaram ao trono romano pelo casamento de Julia Domna, filha de Bassianus, com o romano Sétimo Severo – remete ao matriarcado e aos cultos femininos e esotéricos, como o de Istar, descrito de forma poética e apaixonada nos dois primeiros capítulos. Um dos temas centrais do livro é o confronto entre o princípio masculino e feminino e a tentativa de fundi-los, feita por Heliogábalo de modo anárquico e pederástico, reproduzindo teatralmente a própria criação. Portanto, uma tentativa de transformar o mundo voltando às origens, algo semelhante àquilo que, para Artaud, seria a função do Teatro da Crueldade.

A linhagem dos Bassânidas destaca-se, mesmo dentro da rica e tumultuada crônica dos césares romanos, por apresentar personagens que, além de debochados, eram incestuosos (Heliogábalo teria sido filho ilegítimo de Julia Soemia com seu tio, o imperador Caracalla), fratricidas (Caracalla, para subir ao trono, matou seu irmão Geta) e parricidas (Bassianus, o iniciador da estirpe). Ou seja, uma dinastia sob o signo da transgressão, da crueldade e do incesto, temas que fascinavam Artaud. Há, claramente presente no trecho escolhido, outro tema fundamental em Artaud: a questão da identidade entre linguagem e vida, entre o signo e o seu significado. Para ele, a vida de Heliogábalo já é um texto, daí chamá-la de poética e compará-la ao teatro. Repare-se nas descrições dos banquetes e festins no final do trecho escolhido: as comidas, roupas, enfeites, paramentos etc. claramente compõem um *discurso*, algo análogo a um texto dotado de sentido. Pode-se afirmar que, nestas descrições de rituais, festins e banquetes, Artaud é precursor da semiologia de Roland Barthes, ao apresentá-los como linguagem. Artaud também se entusiasma com todas as situações nas quais há uma inversão das relações entre significante e significado, como quando Heliogábalo desposa uma sacerdotisa e ao mesmo tempo providencia um casamento para a Pedra Negra, símbolo fálico da sua religião solar. Temos, portanto, exemplos do projeto que norteia toda a obra de Artaud, principalmente o Teatro da Crueldade: a substituição do texto pela realidade, pela própria vida, e, ao mesmo tempo, a transformação da vida e da realidade em obra, em algo que é criado e transformado pelo autor.

C.W.

Heliogábalo aparece no período anárquico da alta religião solar e aparece, historicamente, num período de anarquia.

Isso não impede sua identificação ritual, seu esforço de identificação com deus. Isso não impede que, no seu ataque levado às últimas consequências contra a anarquia politeísta romana, não tivesse deixado de comportar-se como autêntico sacerdote de um culto unitário, como personificação de um deus único, o sol.

Pois se, para Julia Moesa, Elagabalus não é mais que um membro, uma espécie de estátua pintada para alucinar os soldados; para Heliogábalo, Elagabalus é o membro erétil, ao mesmo tempo humano e divino. Membro erétil e membro forte. Membro-força que se reparte e é compartilhado, que só é usado quando partilhado.

O membro erétil é o sol, o cone da reprodução na terra, assim como Elagabalus, sol da terra, é o cone da reprodução no céu.

É preciso, pois, tornar-se sol, passar pelo próprio Elagabalus, mudar a maneira de ser.

No que se refere à identificação de Heliogábalo com seu deus, ora os arqueólogos nos ensinam que Heliogábalo se confunde com seu deus, ora que se oculta por trás do deus, distinguindo-se dele.

Mas um homem não é um deus e se o cristo é um deus feito homem, foi como homem que morreu, dizem-nos, e não como deus. E por que não se julgaria Elagabalus um deus feito homem; e por que iriam impedir o imperador Heliogábalo de pôr seu deus à frente do homem e de esmagar o homem sob o deus?

Toda sua vida Heliogábalo é presa dessa imantação de contrários, dessa dupla cisão.

De um lado
>
> O DEUS

do outro lado

> O HOMEM

E no homem, o rei humano e o rei solar.

E no rei humano, o homem coroado e descoroado.

Se Heliogábalo leva a anarquia a Roma, se aparece como fermento que precipita um estado latente de anarquia, a primeira anarquia está nele e assola seu organismo, lança seu espírito numa espécie de loucura precoce que tem um nome na medicina moderna.

Heliogábalo é o homem e a mulher.

E a religião do sol é a religião do homem, que nada pode sem a mulher, seu duplo no qual se reflete.

A religião do UM que se parte em DOIS para agir.

Para SER.

A religião da separação inicial do UM.

UM e DOIS reunidos no primeiro andrógino.

Que é ELE, o homem.

E é ELE, a mulher.

Ao mesmo tempo.

Reunidos em UM.

Há em Heliogábalo um duplo combate:

1º Do UM que se divide permanecendo UM. Do homem que se torna mulher e continua perpetuamente homem.

2º Do rei solar, ou seja, do homem que não aceita a condição humana. Que escarra no homem e acaba por lançá-lo no esgoto.

Pois um homem não é um rei e para ele, como rei, rei solitário, deus encarnado, viver neste mundo é uma estranha destituição.

Heliogábalo absorve seu deus; come seu deus assim como o cristão come o dele; separa seus princípios dentro do organismo; desencadeia esse combate de princípios dentro das duplas cavidades da carne.

É o que Lamprido, historiador da época, não entendeu.

"Ele desposou uma mulher, a tímida Cornelia Paula, e consumou o casamento."

O historiador estranha que Heliogábalo possa dormir com uma mulher, penetrar normalmente uma mulher; estranha incoerência num pederasta nato, espécie de traição orgânica sob o ponto de vista da pederastia, comprovando em Heliogábalo que esse pederasta religioso e precoce é coerente nas suas ideias.

Muito mais que o Andrógino, o que transparece nessa imagem móvel, nessa natureza fascinante e dupla que descende de Vênus encarnada, na sua prodigiosa inconsequência sexual, é a ideia de ANARQUIA.

Heliogábalo é um anarquista nato, carregando com dificuldade sua coroa; os atos reais são atos de um anarquista nato, inimigo público da ordem, inimigo da ordem pública. Ele pratica a anarquia em primeiro lugar contra si próprio e sobre si próprio e, quanto à anarquia para a qual arrastou o governo de Roma, pode-se dizer que a exemplificou, pagando o devido preço por isso.

Quando um Galo se castra, quando o cobrem com o manto feminino, vejo em semelhante rito o desejo de eliminar uma contradição, de juntar de vez o homem e a mulher, de combiná-los, fundi-los numa coisa só, fundindo-os no masculino e pelo masculino. O masculino sendo o Iniciador.

Pouco faltou, dizem os historiadores, para que Heliogábalo também cortasse fora seu membro.

Se verdade, teria sido um grave erro de Heliogábalo; acho que os historiadores da época, que nada entendiam de poesia e muito menos ainda de metafísica, confundiram o falso com o verdadeiro, a simulação ritual do fato com o gesto real.

Que homens perdidos aqui e acolá, sacerdotes, Galos sem importância, se entreguem a um gesto que os extermina, cometam um ato que os elimina, isso é a mera expressão de um rito, mas Elagabalus, o sol sobre a terra, não pode perder seu signo solar: ele só pode operar no plano do abstrato.

O Sol contém Marte, a guerra; o Sol é um deus guerreiro; o rito do Galo é um rito guerreiro; o homem e a mulher fundidos no sangue, a preço de sangue.

Na guerra abstrata de Heliogábalo, na sua luta de princípios, na sua guerra de virtualidades, há sangue humano, não sangue abstrato, sangue irreal e imaginado, mas sangue verdadeiro, sangue jorrado e que pode voltar a jorrar; e Heliogábalo, mesmo não o tendo derramado na defesa do seu território, pagou com ele por sua poesia e suas ideias.

A vida toda de Heliogábalo é anarquia em ação, pois Elagabalus, deus unitário que religa o homem e a mulher, polos hostis, o UM e o DOIS, é o fim das contradições, a eliminação da guerra e da anarquia, mas por meio da guerra; e é, também, nessa terra de contradição e desordem, a prática da anarquia. E a anarquia, no ponto onde Heliogábalo a faz chegar, é poesia realizada.

Em toda poesia há uma contradição essencial. A poesia é multiplicidade pulverizada e em chamas. E a poesia, que restabelece a ordem, suscita inicialmente a desordem, a desordem de aspectos inflamados; faz entrechocarem-se aspectos levados a um ponto único: fogo, gesto, sangue, grito.

Levar a poesia e a ordem a um mundo cuja existência é um desafio à ordem é trazer a guerra e a perpetuação da guerra, é levar a um estado de crueldade aplicada, é suscitar uma anarquia inominável, a anarquia das coisas e dos aspectos que se erguem antes de soçobrar novamente para se fundir na unidade. Aquele que desperta essa perigosa anarquia é sempre sua primeira vítima. E Heliogábalo é um anarquista aplicado que começa devorando-se e acaba devorando seus excrementos.

Numa vida cuja cronologia é impossível, mas na qual os historiadores que narram detalhadamente suas crueldades, que não têm data, veem um monstro, vejo uma natureza de uma plasticidade prodigiosa, que sente a anarquia dos fatos e se insurge contra os fatos.

Vejo em Heliogábalo uma inteligência frenética que extrai uma ideia de cada objeto e de cada encontro de objetos.

O homem que lança objetos rituais sobre a fornalha acesa nos degraus do templo de Hércules em Roma, gritando:

"Isto sim, só isto é digno de um imperador",
e que dilapida assim parte de um tesouro não só real, mas também sacerdotal; que entra em Roma estreitando nos braços a pedra cônica, o grande falo reprodutor; o

homem que procura colocar como princípio superior esta pedra; o homem que acredita na unidade de tudo e que arrasta para Roma não uma pedra, mas um signo, um símbolo desta unidade; o homem que tenta unificar os deuses, que abate a marteladas diante do seu deus as estátuas dos falsos deuses; para mim esse homem não é um idólatra, mas sim um mago que, nascido no meio dos ritos, partilha seus poderes.

[...]

Finda a batalha, conquistado o trono, trata-se de entrar em Roma, de penetrá-la espetacularmente. Não somos Sétimo Severo, com soldados armados em pé de guerra, mas à maneira de um verdadeiro rei solar, de um monarca que recebeu do alto sua efêmera supremacia, que a conquistou pela guerra, mas deve fazer que esqueçam a guerra.

E os historiadores da época não economizam adjetivos para falar das suas festas de coroação, do seu caráter decorativo e pacífico. Do seu luxo superabundante. É preciso registrar que a coroação de Heliogábalo começa em Antióquia pelo fim de verão de 217 e termina em Roma na primavera do ano seguinte, após um·inverno passado em Nicomédia na Ásia.

Nicomédia é a Riviera, a Deauville da época, e é a propósito dessa estada de Heliogábalo em Nicomédia que os historiadores começam a se enfurecer.

Eis o que diz Lamprido, que parece ter sido o Joinville desse São Luís da Cruzada do Sexo, que carrega um membro masculino no lugar de cruz, lança ou espada:

"Durante um inverno que o Imperador passou em Nicomédia, como se comportasse da maneira mais nojenta, admitindo homens para um comércio recíproco de torpezas, os soldados logo se arrependeram do que haviam feito e lamentaram amargamente terem conspirado contra Macrinos para entronizar o novo príncipe; assim, passaram a pensar em aderir a Alexandre, primo de Heliogábalo, ao qual o Senado havia conferido o título de César depois da morte de Macrinos. Pois quem iria tolerar um príncipe que entregava à luxúria todas as cavidades do corpo quando não se aceita isso nem dos animais? Enfim, chegou ao ponto de em Roma só querer saber de mandar emissários incumbidos de encontrar homens que fossem exatamente conformados para seus abjetos prazeres e de levá-los ao palácio para que gozasse com eles.

"Também entretinha-se representando a fábula de Páris: representava o papel de Vênus e, deixando cair suas vestes, completamente nu, uma das mãos no peito e outra sobre as partes genitais, apresentava-as aos companheiros de depravação. Maquiava o rosto à semelhança das pinturas de Vênus e depilava o corpo, considerando a melhor coisa na vida ser capaz de satisfazer o gosto libidinoso do maior número de pessoas."

Chegaram a Roma por etapas. Diante da passagem da escolta imperial, da imensa escolta que parecia arrastar consigo os povos que atravessava, manifestavam-se os falsos imperadores.

Os mascates, operários, escravos, diante da anarquia dominante e vendo subvertidas todas as regras da sucessão, acreditaram que também poderiam ser reis.

"Aí está – parece dizer Lamprido –, é a anarquia!"

Não satisfeito por transformar o trono em tablado, dando ao país que atravessa o exemplo de indolência, desordem e depravação, eis que ele transforma o território do império em palco e suscita falsos reis. Jamais tão belo exemplo de anarquia fora dado ao mundo. Pois aquilo que para Lamprido era um exemplo da mais perigosa anarquia – a representação ao vivo, diante de cem mil pessoas, da fábula de Vênus e Páris, com o estado febril que ela cria, com as miragens que provoca – é a poesia mais o teatro projetados no plano da mais verídica realidade.

Mas, examinadas com atenção, as censuras de Lamprido não se sustentam. Afinal, o que fez Heliogábalo? Talvez tenha transformado o trono romano em palco, mas assim introduziu o teatro, e pelo teatro a poesia no trono de Roma, no palácio de um imperador romano; e a poesia, quando é real, merece o sangue, justifica o derramamento de sangue.

De fato, pode-se pensar que, tão íntimos dos antigos mistérios e na linha de aspersão dos Tauróbolos[1], os personagens assim postos, encenados, não deviam se comportar como frias alegorias, mas significar forças da natureza – quero dizer, da segunda natureza, a que corresponde ao círculo interior do sol, o segundo sol de acordo com Juliano, o que fica entre a periferia e o centro – e sabe-se que apenas o terceiro é visível –, elas deviam conservar uma força de puro elemento.

Afora isso, Heliogábalo podia submeter os hábitos e costumes romanos às violências que bem entendesse, jogar a toga romana às favas, assumir a púrpura fenícia, dar o exemplo de anarquia que consiste em um imperador romano adotar as roupagens de outro país, em um homem trajar-se com roupas de mulher, recobrir-se de pérolas, pedrarias, plumas, corais, talismãs – tudo que é anárquico sob o ponto de vista romano, para Heliogábalo é fidelidade a uma ordem e isso significa que este cenário caído do céu deve voltar para lá por todos os meios.

*

---

1. Aspersão dos Tauróbolos: ritual de purificação em voga na Roma do século I e II d.C., consistindo no iniciado ficar num poço sobre o qual era derramado o sangue de um touro.

Nada de gratuito na magnificência de Heliogábalo, sequer esse maravilhoso fervor na desordem que nada mais é que aplicação de uma ideia metafísica e superior de ordem, ou seja, de unidade.

Ele pratica sua ideia religiosa de ordem na forma de afronta ao mundo latino; e a aplica com o maior rigor, com um rigoroso sentido de perfeição no qual há uma ideia oculta de unidade e perfeição. Nenhum paradoxo em considerar essa ideia de ordem como, acima de tudo, poética.

Heliogábalo empreendeu uma sistemática e alegre desmoralização do espírito e da consciência latina; e teria levado tal subversão do mundo às últimas consequências se vivesse o bastante para desenvolvê-la.

De qualquer forma, não se pode negar a coerência nas ideias de Heliogábalo. Nem no rigor com que as pôs em prática. Esse imperador, coroado aos catorze anos, é um mitômano no sentido mais concreto e literal da palavra. É aquele que vê os mitos como tal e os põe em prática. Ele impõe por uma vez – talvez a única na História – mitos verdadeiros. Ele lança uma ideia metafísica no turbilhão das pobres e terrenas efígies latinas nas quais ninguém mais crê, muito menos o próprio mundo latino.

Ele castiga o mundo latino por não acreditar mais nos seus mitos nem em qualquer outro mito, não deixando de manifestar seu desprezo diante dessa raça de agricultores natos, cara voltada para o chão, jamais sabendo fazer outra coisa senão espreitar o que irá sair da terra.

*

O anarquista diz:
Nem Deus nem senhor, eu só.
Heliogábalo, uma vez entronizado, não aceita lei alguma: ele é o senhor. Sua lei pessoal será, portanto, a

lei de todos. Ele impõe sua tirania. Todo tirano no fundo não passa de um anarquista coroado que faz o mundo andar no seu compasso.

Há, no entanto, outra ideia na anarquia de Heliogábalo. Acreditando-se deus, identificando-se com seu deus, nunca comete o erro de inventar uma lei humana, uma absurda e ridícula lei humana pela qual ele, deus, falaria. Enquadra-se na lei divina na qual foi iniciado e, à parte alguns eventuais excessos, algumas brincadeiras sem importância, deve-se reconhecer que Heliogábalo jamais abandonou o ponto de vista místico de um deus, encarnado, mas mesmo assim obedecendo ao rito milenar de deus.

Heliogábalo, uma vez chegado em Roma, expulsa os homens do Senado e os substitui por mulheres. Para os romanos é anarquia; porém, para a religião menstrual fundadora da púrpura tíria e para Heliogábalo, que a aplica, trata-se apenas de restabelecer o equilíbrio, uma restauração calculada da lei, pois é à mulher, primogênita na ordem cósmica, que cabe fazer as leis.

*

Heliogábalo conseguiu chegar a Roma na primavera de 218, depois de uma estranha marcha do sexo, um desencadear fulgurante de festas através dos Balcãs. Ora correndo a toda velocidade com sua carruagem recoberta de dosséis, atrás o Falo de dez toneladas acompanhando o cortejo numa espécie de jaula monumental aparentemente feita para uma baleia ou um mamute; ora parando, mostrando suas riquezas, mostrando do que é capaz em matéria de suntuosidade, gestos de desprendimento e também bizarros desfiles diante de populações estupefatas e temerosas. Arrastado por trezentos touros enraivecidos, atiçados por matilhas de hienas uivantes mantidas acorrentadas, o Falo em cima de uma carruagem abobadada, as rodas grandes como quadris de elefantes, atravessa a Turquia europeia, a Macedônia, a Grécia, os Balcãs, a Áustria atual, numa corrida de zebra.

Uma vez ou outra, a música recomeça. Todos param. Os dosséis são retirados. O Falo é montado no seu pedestal, puxado por cordas, a ponta para cima. E sai o bando de pederastas e também atores, dançarinas, Galos castrados e mumificados.

Pois existe um ritual dos mortos, um ritual de triagem dos sexos, dos objetos transformados em membros masculinos eretos, curtidos, enegrecidos na ponta como bastões endurecidos no fogo. Os membros – fixos na ponta de uma vara como lampiões presos nos seus pregos, como as pontas de uma massa de armas; pendurados como sininhos em arcos recurvos de ouro; pregados em placas enormes como os pregos de um escudo – rodopiam nas fogueiras entre as danças dos Galos, homens trepados em andaimes fazendo-os dançar como se estivessem vivos.

Sempre no paroxismo, no frenesi, no momento em que as vozes se abrem e atingem um agudo genésico e feminino, então Heliogábalo, com uma espécie de aranha de ferro no púbis, as patas esfolando sua pele, vertendo sangue a cada movimento excessivo das suas coxas polvilhadas de açafrão; com seu membro afogado no ouro, recoberto de ouro, imóvel, rígido, inútil, inofensivo, aparece envergando a tiara solar, seu manto abarrotado de pedras, lambido pelos fogos.

Sua aparição tem o valor de uma dança, seus passos combinam maravilhosamente com a dança apesar de Heliogábalo nada ter de dançarino. Silêncio, em seguida as chamas se elevam, a orgia recomeça, uma orgia seca. Heliogábalo organiza os gritos; dirige o ardor genésico e calcinado, o ardor da morte, o rito inútil.

Acontece que esses instrumentos, essas pedrarias, esses calçados, essas vestes e tecidos, essas somas desatinadas de instrumentos de corda e percussão, os chocalhos, címbalos, tamborins egípcios, liras gregas, sistros, flautas etc., as orquestras de flautins, cítaras, harpas e nébeis; e também as bandeiras; animais, peles, plumagens de pássaros que preenchem a crônica da época, toda essa suntuosidade monstruosa guardada por cinquenta mil cavaleiros armados que se imaginam carreteiros do sol, toda essa suntuosidade religiosa tem um sentido. Um poderoso sentido ritual, da mesma forma como todos os atos de Heliogábalo imperador têm sentido, contrariamente ao que a História afirma.

Heliogábalo entra em Roma ao amanhecer de um dia de março de 218, no romper da aurora, no período que corresponde aproximadamente aos idos de março. E ele entra de costas. À sua frente o Falo, arrastado por trezentas jovens de seios nus que precedem trezentos touros, agora entorpecidos e mansos, aos quais havia sido administrado poucas horas antes um soporífero bem dosado.

Ele entra numa girândola de plumas que tremulam ao vento como bandeiras. Atrás dele, a cidade dourada, vagamente espectral. À sua frente, o perfumado cortejo de mulher, os touros sonolentos, o Falo sobre o carro recoberto de ouro que brilha sob um imenso guarda-sol. E nas margens a dupla fileira de batedores de chocalhos, sopradores de flautas, dedilhadores de alaúdes, tocadores de címbalos assírios. No fim, as liteiras das três mães: Julia Moesa, Julia Soemia, Julia Mammoea, a sonolenta cristã que nada percebe.

Isso de Heliogábalo entrar em Roma na aurora, no primeiro dia dos idos de março, é, não sob o ponto de vista romano, mas sob o ponto de vista do sacerdócio siríaco, a aplicação deslocada de um princípio transformado em poderoso rito. Há, principalmente, um rito que, do ponto de vista religioso, significa aquilo que é, mas, do ponto de vista romano, significa que Heliogábalo entra em Roma como dominador, porém de costas, e que ele quer fazer-se enrabar pelo império romano.

Encerrada a festa de coroação marcada por essa profissão de fé pederástica, Heliogábalo instala-se com a avó, a mãe e a irmã desta, a pérfida Julia Mammoea, no palácio de Caracalla.

*

Heliogábalo não esperou chegar a Roma para proclamar a anarquia aberta, para estender a mão à anarquia quando a expõe travestida de teatro, trazendo consigo a poesia.

É certo que foi preciso decapitar uns cinco obscuros rebeldes que, em nome das suas pequenas individualidades democráticas, suas individualidades de coisa alguma, ousam reivindicar a coroa romana. No entanto, favorece a proeza desse ator, desse insurreto genial que, ora fazendo-se passar por Apolonio de Tiana, ora por Alexandre o Grande, se exibe vestido de branco aos povos das margens do Danúbio, sobre a cabeça a coroa do Scander[2] que talvez tivesse furtado da bagagem do imperador. Em vez de persegui-lo Heliogábalo confia-lhe parte das suas tropas e empresta a frota para que vá subjugar os Marcomanos.

Mas nessa frota os barcos foram sabotados e um incêndio ateado por ordem sua no meio do mar Tirreno o livra, através de um naufrágio teatral, da tentativa de usurpação.

---

2. Coroa do Scander: coroa que teria pertencido a Alexandre o Grande (*Iscandar* ou *Scander* na Ásia Menor), símbolo da monarquia.

*

Heliogábalo imperador comporta-se como um vagabundo e um libertário irreverente. Na primeira reunião mais solene, pergunta abruptamente aos grandes do Estado, aos nobres, senadores em disponibilidade, legisladores de toda ordem, se também haviam conhecido a pederastia na juventude, se já haviam praticado a sodomia, o vampirismo, o sucubato, a fornicação com animais, colocando-lhes a questão, diz Lamprido, nos termos mais crus.

Pode-se imaginar Heliogábalo, paramentado, passando no meio dos veneráveis barbudos, escoltado por seus garotos e suas mulheres, dando-lhes tapinhas na barriga e perguntando se não tinham sido enrabados na juventude; e os velhos, pálidos de vergonha, baixando a cabeça diante da ofensa, remoendo a humilhação.

Melhor ainda, ele imita publicamente, com gestos, o ato da fornicação.

"Chegando – diz Lamprido – até a representar obscenidades com os dedos, habituado que estava a afrontar qualquer pudor nas assembleias e na presença do povo."

Mais que criancice, há nisso um desejo de manifestar sua individualidade com violência e seu gosto pelas coisas primárias: a natureza como ela é.

É fácil atribuir à loucura e à juventude tudo que em Heliogábalo é na verdade um rebaixamento sistemático da ordem e corresponde a um deliberado desígnio de desmoralização.

Vejo em Heliogábalo não um louco, mas um insurreto:

1º Contra a anarquia politeísta romana.

2º Contra a monarquia romana que ele faz enrabar na sua pessoa.

Mas nele juntam-se as duas revoltas, as duas rebeliões que dirigem toda sua conduta, que comandam todos seus atos, até os mais insignificantes, durante os quatro anos do seu reinado.

Sua insurreição é sagaz e sistemática, dirigida em primeiro lugar contra sua própria pessoa.

Quando Heliogábalo se veste de prostituta e se vende por quarenta cêntimos na porta das igrejas cristãs e dos templos dos deuses romanos, ele não busca apenas a satisfação de um vício, ele procura humilhar o monarca romano.

Quando promove um dançarino a chefe da guarda pretoriana, instaura uma espécie de anarquia incontestável e perigosa. Ele escarnece a covardia dos seus predecessores, os Antonino e Marco Aurélio, ao achar que basta um dançarino para comandar uma tropa de policiais. Ele chama a fraqueza de força e o teatro de realidade. Ele abala a ordem estabelecida, as ideias, as noções convencionais das coisas. Pratica uma anarquia minuciosa e perigosa, expondo-se diante de todos. Arrisca sua pele, por assim dizer. E isso é coisa de anarquista corajoso.

Seu projeto de destruição dos valores, de monstruosa desorganização moral, continua com a escolha dos seus ministros pela enormidade do membro de cada um.

"Ele colocou à frente dos guardas da noite – diz Lamprido – o cocheiro Gordius e nomeou seu merceeiro um certo Claudius, antes censor de costumes; os demais cargos foram distribuídos em função da enormidade do membro, o que qualificava os candidatos. Nomeou procuradores do vigésimo sobre as sucessões um almocreve, um atleta, um cozinheiro, um serralheiro."

O que não impede que se aproveite dessa desordem, desse afrontoso relaxamento dos costumes, para transformar a obscenidade em hábito, expondo publicamente o que normalmente se esconde.

"Durante os festins – ainda segundo Lamprido – ficava de preferência junto dos homens prostituídos, comprazia-se em apalpá-los e recebia com o maior prazer a taça das suas mãos, após dela terem bebido."

Todas as organizações políticas, todas as formas de governo procuram sempre, antes de mais nada, ter a juventude nas mãos. E Heliogábalo também queria ter a juventude nas mãos, mas, ao contrário dos demais, para pervertê-la sistematicamente.

"Havia formulado o projeto – diz Lamprido – de colocar em cada cidade, como prefeitos, indivíduos cuja ocupação fosse corromper a juventude. Roma teria catorze; e o teria feito se vivesse o suficiente, pois estava decidido a cobrir de honrarias tudo que fosse mais abjeto, bem como os homens das mais baixas profissões."

Não se pode duvidar, de resto, do profundo desprezo de Heliogábalo pelo mundo romano da sua época.

"Mais de uma vez ele demonstrou – diz Lamprido – um desprezo tamanho pelos senadores que os chamou de escravos de toga; o povo romano era para ele um bando de chacareiros de fundo de quintal e não dava a mínima atenção à ordem dos cavaleiros."

Seu gosto pelo teatro e pela poesia em liberdade manifestam-se por ocasião do seu primeiro casamento:

Põe a seu lado, durante toda a duração do rito romano, uma dezena de energúmenos embriagados que não paravam de gritar: "Mete, enfia", para grande escândalo dos cronistas da época, que omitem a descrição das reações da noiva.

Heliogábalo casou-se três vezes. A primeira com Cornelia Paula, uma segunda com a primeira vestal, uma terceira com uma mulher que tinha a cara de

Cornelia Paula; em seguida divorcia-se para retomar sua vestal e finalmente voltar a Cornelia Paula. É preciso assinalar aqui que Heliogábalo tomou a primeira vestal não como um marajá de antes da guerra tomando como esposa a primeira dançarina da Ópera, mas sim com a intenção blasfematória e sacrílega que superexcita a fúria de outro historiador da época, Dion Cassius:

"Este homem – diz ele – que devia ter sido vergastado, encarcerado, exposto nas gemônias, levou para sua cama a guardiã do fogo sagrado e a deflorou no meio do silêncio geral."

Assinalo que Heliogábalo foi o primeiro imperador romano que ousou desafiar esse rito guerreiro, a guarda do fogo sagrado, e que poluiu devidamente o Palladium.

Heliogábalo erige um templo a seu deus, bem no lugar central da devoção romana, substituindo o pequeno e insípido templo consagrado a Júpiter Palatino. Derrubado esse, manda erguer uma reprodução menor porém mais rica do templo de Emesa.[3]

Mas o zelo de Heliogábalo por seu deus, seu amor pelo rito e pelo teatro, nunca transpareceram tão claramente como no casamento da Pedra Negra[4] com uma esposa digna dele. Foi preciso procurar essa esposa por todo império. Assim, completaria o rito sagrado até a pedra, demonstrando a eficácia do símbolo. Toda a história considera mais uma loucura e um ato de inútil

---

3. Emesa é a atual Homs, terra natal de Heliogábalo, lugar de origem dos Bassânidas e do culto solar de Elagabalus.
4. Pedra Negra: pedra cônica, supostamente caída do céu (um meteoro?), representação do deus solar Elagabalus de Emesa, Heliogábalo tentou fundir esse culto com as devoções romanas, simbolizando a união ao casar-se com uma vestal, sacerdotisa do fogo que deveria permanecer virgem.

puerilidade o que para mim é a prova material e rigorosa da sua religiosidade poética.

Mas Heliogábalo, que detestava a guerra e cujo reinado não chegou a ser assolado por guerras, não daria para esposa de Elagabalus o Palladium que lhe ofereciam, esse Palladium sanguinário que embala, nas mãos de Pallas – que antes devia chamar-se Hécate, como a noite da qual saiu –, o nascimento dos futuros guerreiros; mas sim a Tanit-Astarté de Cartago cujo leite tépido corre distante dos sacrifícios para Moloch.

Que importa se o Falos, a Pedra Negra, traz na base uma espécie de sexo feminino cinzelado pelos deuses. Heliogábalo indica, por este acasalamento efetivamente realizado, que o membro é ativo e funciona, pouco importando se em efígie e no abstrato.

*

Um estranho ritmo manifesta-se na crueldade de Heliogábalo; esse iniciado faz tudo com capricho e em duplicata. Nos dois planos, quero dizer. Cada gesto seu tem dois gumes.

Ordem, Desordem,
Unidade, Anarquia,
Poesia, Dissonância,
Ritmo, Discordância,
Grandeza, Puerilidade,
Generosidade, Crueldade.

Do alto das torres recém-erigidas do seu templo do deus pítio, ele joga trigo e membros masculinos.

Ele alimenta um povo castrado.

Certo, não há alaúdes nem tubas, não há orquestras de cítaras no meio das castrações impostas, mas impostas sempre como outras tantas castrações pessoais, como se ele próprio, Elagabalus, fosse o castrado. Sacos de sexos são jogados do alto das torres com a mais cruel abundância no dia da festa do deus pítio.

Não garanto que uma orquestra de cítaras ou harpas, cordas gemebundas e madeiras duras, não ficasse escondida no subterrâneo da torre espiralada, para abafar os gritos dos parasitas castrados; mas aos gritos dos castrados responde quase simultaneamente a aclamação de um povo exultante pela distribuição do valor correspondente a inúmeros campos de trigo.

O bem, o mal, o sangue, o esperma, os vinhos rosados, os óleos balsâmicos, os mais caros perfumes, inumeráveis irrigações rodeando a generosidade de Heliogábalo.

Trata-se de uma música que atravessa os ouvidos para chegar até o espírito, sem instrumentos e sem orquestra. Digo que os acordes e evoluções de débeis orquestras nada são perto do fluxo e refluxo, da maré que sobe e desce com suas estranhas dissonâncias, indo da generosidade à crueldade, do gosto pela desordem à busca de uma ordem inaplicável ao mundo latino.

Repito também que além do assassinato de Gannys, único crime que lhe pode ser imputado, Heliogábalo limitou-se a mandar matar as criaturas de Macrino, também traidor e assassino, e, sempre que possível, foi parcimonioso no derramamento de sangue humano. Há, ao longo do seu reinado, uma flagrante desproporção entre o sangue derramado e os homens efetivamente mortos.

Desconhece-se a data exata da sua coroação, mas sabe-se o preço que sua prodigalidade custou aos cofres do tesouro imperial. Foi tamanho que chegou a comprometer sua segurança material e obrigou o empenho das finanças durante todo seu reinado.

Ele não para de querer equiparar a munificência da sua prodigalidade à imagem que se faz de um rei.

Substitui um burro por um elefante, um cão por um cavalo, onde não se colocaria mais que um gato ele coloca um leão, onde estava previsto um cortejo de crianças, o elenco completo das dançarinas sacerdotais.

É sempre a amplidão, o excesso, a abundância, o descomedimento. A mais pura generosidade e piedade para contrabalançar uma espasmódica crueldade.

Chora ao percorrer as ruas, vendo a miséria da população.

Ao mesmo tempo manda procurar pelo império os marinheiros com os membros mais bem-dotados, os quais intitula Aristocratas: prisioneiros, antigos assassinos para corresponderem ao curso dos seus acessos genésicos e coroarem com suas horrendas grosserias a turbulência dos festins.

Com Zoticus, inaugura o nepotismo da vara!

"Um certo Zoticus tinha tamanha ascendência que os demais oficiais o tratavam como marido do seu chefe. Esse Zoticus, abusando do seu título de familiaridade, exagerava a importância de todas as palavras e atos de Heliogábalo. Ambicionando as maiores riquezas, ameaçando uns, fazendo promessas para outros, enganava a todos e, quando saía de perto do príncipe, procurava-os um a um para dizer-lhes: 'Falei tal coisa de você, eis o que ouvi a seu respeito: tal coisa deve lhe acontecer', como o fazem as pessoas dessa laia quando são admitidas junto aos príncipes com um grau excessivo de familiaridade e vendem a reputação do seu senhor, quer seja ela boa ou má; e, graças à tolice e inexperiência dos imperadores que nada percebem, dedicam-se à tarefa de disseminar intrigas."

Chora como o garoto que é, diante da traição de Hieroclés; e em vez de exercer sua crueldade contra esse cocheiro de baixa extração, é contra si que a volta, fazendo-se flagelar até o sangue correr por ter sido traído por seu cocheiro.

Ele dá ao povo aquilo que interessa:

PÃO E JOGOS

E mesmo quando alimenta o povo, o faz com lirismo, com o fermento de exaltação que está na base de toda magnificência. O povo nunca é tocado, nunca é ferido pela sua tirania sanguinária que não erra o alvo.

Todos que Heliogábalo levou às galeras, os castrados, os açoitados, foram escolhidos entre os nobres, os aristocratas, os pederastas do séquito, os parasitas palacianos.

Como eu dizia, ele prossegue sistematicamente na perversão e destruição de qualquer valor e qualquer ordem, mas o admirável, que prova a decadência do mundo latino, é como conseguiu, nos quatro anos do seu reinado, continuar esse trabalho de destruição à vista de todos, sem que ninguém protestasse; e sua queda não ultrapassa a importância de uma simples revolta palaciana.

*

Mas se Heliogábalo vai de mulher em mulher como de cocheiro em cocheiro, também vai trocando pedraria por pedraria, roupagem por roupagem, uma festa pela outra, ornamento por ornamento.

Pelas cores e sentidos das pedrarias, formas das roupagens, organização do cerimonial, joias que o recobrem, seu espírito faz estranhas viagens. Então é visto empalidecendo, tremendo, buscando um brilha, uma aspereza à qual agarrar-se diante da pavorosa fuga de tudo.

E manifesta-se uma espécie de anarquia superior, na qual sua profunda inquietação pega fogo: corre de pedra em pedra, de claridade em claridade, de forma em forma e de fogo em fogo como se corresse de alma em alma, numa misteriosa odisseia pessoal que depois dele ninguém mais refez.

Vejo uma monomania perigosa, para ele e para os outros, em trocar de roupa todo dia e sobre cada roupagem colocar uma pedra, nunca a mesma, que corresponda aos signos do céu. É mais que gosto pelo luxo dispendioso, propensão ao desperdício inútil – trata-se do testemunho de uma imensa, insaciável febre do espírito, de uma alma sedenta de emoções, movimentos, deslocamentos, dominada por um amor pela metamorfose, a qualquer preço e qualquer risco.

E no fato de convidar estropiados para sua mesa e cada dia trocar o tipo de deformidade, noto um gosto inquietante pela doença e pelo sofrimento, que irá aumentando até a busca da doença no plano mais amplo possível, algo como um contágio perpétuo com a amplidão de uma epidemia. E isto também é anarquia, mas espiritual e enganadora, tanto mais cruel e mais perigosa quanto mais sutil e dissimulada.

Que uma refeição tome um dia inteiro, isso significa que o espaço foi introduzido na sua digestão alimentar, o banquete começado na aurora terminando ao anoitecer, depois de percorrer os quatro pontos cardeais.

Pois de hora em hora, de prato em prato, de mansão em mansão e de orientação em orientação, Heliogábalo desloca-se. O fim do banquete mostra que ele fechou o círculo no espaço e manteve os polos de sua digestão dentro desse círculo.

Heliogábalo levou a busca da arte ao paroxismo; a busca do rito e da poesia no meio da mais absurda magnificência.

"Os peixes que servia sempre eram cozidos num molho azulado como o mar, conservando assim sua cor natural. Durante um tempo, tomou banhos de vinho rosado, com rosas. Ele e os demais o bebiam – e também perfumou com nardo as estufas. Substituiu o óleo das lamparinas por bálsamos. Mulher alguma, exceto sua esposa, recebeu duas vezes suas carícias. Instalou lupanares na sua residência para os amigos, criadagem e serviçais. Para a ceia, jamais gastava menos de cem sestércios. No gênero, ultrapassou Vittelius e Apicius. Usava bois para tirar os peixes dos viveiros. Um dia chegou a chorar pela miséria pública ao atravessar o mercado. Gostava de amarrar seus parasitas a uma roda de moinho que, por um movimento de rotação, alternadamente os fazia mergulhar e voltar à superfície; chamava-os, então, seus queridos Ixions."

Não só o mundo romano, mas também a terra romana e a paisagem romana foram transtornadas por ele.

"Contam – ainda segundo Lamprido – que promoveu representações de batalhas navais em lagos escavados pela mão humana e cheios de vinho; os mantos dos combatentes eram perfumados com essência de enanto; conduziu até o Vaticano seus carros atrelados a quatro elefantes, depois de arrasar os túmulos que atrapalhavam sua passagem; no circo, para seu espetáculo pessoal, fez atrelarem camelos aos carros."

Sua morte é o coroamento da sua vida. Se é justa do ponto de vista romano, também o é sob o ponto de vista de Heliogábalo. Ele teve a morte ignominiosa de um rebelde, mas morreu por suas ideias.

Diante da irritação geral provocada por seus extravasamentos de anarquia poética, insuflada principalmente pela pérfida Julia Mammoea, Heliogábalo deixou que o duplicassem. Aceitou seu lado, como coadjutor, uma pálida efígie sua, uma espécie de segundo imperador, o pequeno Alexandre Severo, filho de Julia Mammoea.

Mas se Elagabalus é homem e mulher, não pode ser dois ao mesmo tempo. Há aí uma dualidade material que para Heliogábalo é um insulto ao princípio e não pode ser aceita.

Ele se insurge uma primeira vez porém; em vez de amotinar o povo que o ama contra o imperador garoto – o povo que se beneficiou da sua prodigalidade, sobre cuja miséria o viram chorar –, tenta fazer que seja assassinado pela guarda pretoriana, ainda dirigida por um dançarino e cuja rebelião declarada não percebe. É contra ele, então, que sua própria polícia faz menção de voltar às armas; e Julia Mammoea a insufla, mas Julia Moesa intervém. Heliogábalo consegue escapar em tempo.

Tudo se acalma. Heliogábalo podia ter aceito o fato consumado, admitido a seu lado o pálido imperador do qual tem ciúmes e que, se não conta com o amor do povo, pelo menos conta com o amor dos militares, da polícia e dos grandes.

Mas, pelo contrário, aqui Heliogábalo mostra quem é: um espírito indisciplinado e fanático, um verdadeiro rei, um rebelde, um individualista desvairado.

Aceitar, submeter-se, seria ganhar tempo e sancionar sua derrota sem garantir sua tranquilidade, pois Julia Mammoea trabalha e, bem sabe ele, não desistirá. Entre a monarquia absoluta e seu filho só há um peito, um grande coração pelo qual essa pretensa cristã sente apenas ódio e desprezo.

Vida por vida, então será vida por vida! A de Alexandre Severo ou a sua. Eis, em todo caso, o que Heliogábalo percebeu muito bem. Para decidir que seria a vida de Alexandre Severo.

Depois do primeiro alarme, os pretorianos tinham se acalmado; tudo voltou à ordem, mas Heliogábalo incumbe-se de reativar o incêndio e a desordem, provando assim que permanece fiel a seus princípios!

Sublevados por emissários, gente do povo, cocheiros, histriões, mendigos e farsantes tentam invadir a ala do palácio onde repousa Alexandre Severo, certa noite de fevereiro de 222, bem ao lado do quarto onde descansa Julia Mammoea. Mas o palácio está cheio de guardas armados. O fragor das espadas sendo desembainhadas, dos escudos golpeados, dos címbalos guerreiros convocando as tropas espalhadas por todas as peças do palácio basta para pôr em fuga a multidão quase desarmada.

É então que a guarda armada se volta contra Heliogábalo e o procura por todo o palácio. Julia Soemia vê o movimento; ela acorre. Encontra Heliogábalo numa espécie de corredor lateral. Grita-lhe que fuja. E o acompanha na fuga. De todos os lados ecoam gritos de perseguidores, uma correria pesada fazendo as paredes tremerem, um pânico sem nome apoderando-se de Heliogábalo e da sua mãe. Sentem a morte aproximar-se por todos os lados. Desembocam nos jardins em declive que vão dar na direção do Tibre, à sombra dos grandes pinheiros. Num canto afastado, depois de uma espessa fileira de carvalhos e buxos odoríferos, estendem-se as latrinas ao ar livre da tropa, com seus escoadouros atravessando a terra como sulcos. O Tibre está longe demais. Os soldados, perto demais. Heliogábalo, louco de pavor, joga-se nas latrinas, mergulha nos excrementos. É o fim.

A tropa, que já o viu, cerca-o; seus próprios pretorianos o agarram pelos cabelos. Esta é uma cena de matadouro, uma autêntica carnificina, uma imagem de magarefe.

Os excrementos misturados ao sangue, escorrendo com o sangue sobre os gládios que despedaçam as carnes de Heliogábalo e da sua mãe.

Depois içam os corpos, arrastam-nos à luz de tochas, conduzem-nos pela cidade diante do povo estupefato, diante das mansões dos patrícios que abrem as janelas para aplaudir. Uma imensa multidão marcha na direção do cais, rumo ao Tibre, no rastro dessas lamentáveis postas de carne, exangues e lambuzadas.

"Ao esgoto", uiva o populacho que se aproveitou da prodigalidade de Heliogábalo e que a digeriu depressa demais.

Ao esgoto os dois cadáveres, o cadáver de Heliogábalo, "ao esgoto"!

Enfastiados de sangue e da visão obscena destes dois corpos desnudos, devastados, todos os órgãos à mostra, mesmo os mais secretos, a tropa tenta enfiar o corpo de Heliogábalo na primeira boca de esgoto que encontra. Mas, por menor que seja, ainda é grande demais. É preciso deliberar.

Já acrescentaram a Elagabalus Bassianus Avitus, dito Heliogábalo, o cognome de Varius, por ter sido constituído por múltiplos sêmens, nascido de uma prostituta; deram-lhe ainda os nomes de Tiberiano e de Arrastado, por terem-no arrastado e jogado no Tibre, depois de tentarem enfiá-lo num esgoto; no entanto, diante do esgoto, por ter ombros demasiado largos, tentaram limá-lo. Assim abriram sua pele, procurando deixar intacto o esqueleto; então poderiam lhe acrescentar os nomes de Limado e Aplainado. Mas, uma vez limado, continua largo demais, e jogam seu corpo no Tibre que o carrega até o mar, seguido, alguns redemoinhos depois, pelo cadáver de Julia Soemia.

Assim finda Heliogábalo, mas em rebelião declarada. Semelhante vida, coroada por semelhante morte, dispensa, parece-me, uma conclusão.

Sobre o Teatro da Crueldade:
O TEATRO E SEU DUPLO
e
O TEATRO DE SERAFIM

O teatro e seu duplo é uma das obras mais conhecidas e divulgadas de Artaud. O título é explicado num texto não incluído na presente edição e que, cronologicamente, é o primeiro trabalho sobre o tema, de 1931, intitulado *O teatro alquímico*, no qual Artaud afirma que: *Há entre o teatro e a alquimia uma semelhança mais elevada e que leva metafisicamente mais longe. É que a alquimia e teatro são artes, por assim dizer, virtuais, que não contêm sua finalidade e sua realidade em si mesmas. Onde a alquimia, pelos seus símbolos, é como o Duplo espiritual de uma operação que só é eficaz no plano da matéria real, também o teatro deve ser considerado o Duplo, não dessa realidade cotidiana e direta da qual ele se reduziu aos poucos a uma cópia inerte, tão inútil quanto diluída, mas sim de outra realidade, perigosa e típica, na qual os Princípios, assim como os golfinhos, põem a cabeça para fora mas imediatamente voltam à escuridão das águas.*

Constituído por artigos, manifestos, textos de conferências e cartas, *O teatro e seu duplo foi* publicado em 1938. Artaud, já internado em Sainte-Anne, nem ficou sabendo da publicação. A sequência dos textos foi alterada na presente seleção, com uma espécie de remontagem de trechos que expõe as linhas-mestras ou o fio condutor do pensamento de Artaud, não só sobre o teatro, mas também sobre a linguagem e a poesia. Com efeito, toda a teorização sobre o Teatro da Crueldade não deve ser lida apenas como um trabalho especificamente dirigido ao teatro. Para Artaud o teatro sempre foi, acima de tudo, um meio, um veículo para uma linguagem mais "eficaz" (ele insiste no uso desse termo nos textos que seguem). A eficácia da linguagem seria sua capacidade de transformar as consciências e a realidade, ou seja, uma linguagem com o peso e a gravidade das invocações e fórmulas da cabala e da magia primitiva. Esta seria, para Artaud, a linguagem "metafísica" – e esta palavra também é usada com um significado especial, como sinônimo de linguagem livre, na qual os signos, libertos, readquirem toda sua força e potência. Tanto no *Heliogábalo* como no *Teatro e seu duplo* – obras que correm paralelas, podendo-se dizer que *Heliogábalo* exemplifica alguns dos aspectos do Teatro da Crueldade –, o teatro é uma poesia posta em prática, ou seja, transformada em realidade. A finalidade do teatro é, portanto, a mesma de toda a linguagem verdadeira: trazer a vida para dentro da arte, tornando-a real e, simultaneamente, elevar a vida – degradada no cotidiano – até o plano da arte.

O Teatro e a crueldade e *Teatro oriental e teatro ocidental* foram escritos especialmente para o livro, provavelmente em 1935/1936. Acabar com as *Obras-Primas* é de 1933. *O teatro e a peste*, texto de abertura do de *O teatro e seu duplo*, é uma conferência feita por Artaud em 1933 na Sorbonne e publicada em 1934 na *Nouvelle Révue Française*. *A encenação e a metafísica* é o texto de outra conferência na Sorbonne, de 1931.

O teatro de Serafim foi escrito no México em 1936 e só chegou a ser publicado em 1948, postumamente, embora Artaud tivesse pensado em incluí-lo no *Teatro e seu duplo* (cuja edição foi organizada por volta de 1936/1937, entre a volta do México e sua internação). O título refere-se a um teatro de sombras chinesas introduzido na França por um italiano de nome Serafino em 1781 e que foi praticado até 1870. Um dos capítulos *de Os paraísos artificiais* de Baudelaire também tem esse título.

Os dois *Manifestos do Teatro da Crueldade* e outros textos não incluídos na presente edição tratam mais detalhadamente de aspectos técnicos da encenação do Teatro da Crueldade, inclusive a iluminação, sonorização e a famosa ideia de fazer a ação desenrolar-se em volta dos espectadores e não num palco. Tais questões, todavia, são de importância secundária, pois o Teatro da Crueldade – e é aqui que ele se diferencia das ideias de Grotowsky, ou de qualquer outro dos grandes teóricos do teatro contemporâneo – nunca é a reprodução de um conjunto de técnicas e procedimentos, mas sim de um estado de espírito, de uma postura ideológica e cultural. Dar mais destaque ao gestual, a sons não articulados, à exploração de um espaço mais amplo para a encenação, ao hieratismo dos cerimoniais religiosos e da magia, tudo isso pode ou não ser Teatro da Crueldade – dependendo de corresponder ou não a uma efetiva transgressão do senso comum e das normas vigentes, em arte e fora dela. Aliás, a irredutibilidade do Teatro da Crueldade a fórmulas e procedimentos específicos é destacada por Virmond, Teixeira Coelho e outros comentaristas – e é sempre bom lembrá-la, numa época em que um happening pode nada mais ser que uma demonstração de banalidade sob uma vestimenta vanguardosa.

O *Primeiro Manifesto do Teatro da Crueldade*, de 1932, também apresenta uma programação de peças a serem encenadas: uma adaptação do período shakespeariano; um texto de Léon-Paul Fargue (poeta simbolista francês precursor das vanguardas); um texto extraído do Zohar (obra cabalística do século XIII); a história do Barba Azul; a Tomada de Jerusalém; um conto de Sade (O *Castelo de Valmore*, adaptação de Klossowski a partir de *Eugénie de Franval*); melodramas românticos; *Woyzeck* de Büchner; peças do teatro elisabetano.

C.W.

Teatro oriental e teatro ocidental

A revelação do teatro balinês deu-nos uma ideia física e não verbal do teatro pela qual o teatro está dentro dos limites de tudo que pode acontecer em cena, independentemente do texto escrito, ao contrário do teatro como o concebemos no Ocidente, ligado ao texto e limitado por ele. Para nós, a Palavra é tudo no teatro e não existe saída fora dela; o teatro é um ramo da literatura, uma espécie de modalidade sonora da linguagem e, se admitimos alguma diferença entre o texto falado em cena e o texto lido pelos olhos, se fechamos o teatro nos limites daquilo que aparece entre as réplicas, não somos capazes de distinguir entre o teatro e uma ideia de texto realizado.

A ideia da supremacia da palavra no teatro está tão arraigada em nós, o teatro a tal ponto nos aparece como simples reflexo material do texto, a ponto de tudo aquilo que ultrapassar o texto, que não estiver contido nos seus limites e estritamente condicionado por ele, nos parecer fazer parte do domínio da encenação, entendida como alguma coisa inferior com relação ao texto.

Em face desta sujeição do teatro à palavra, podemos perguntar se por acaso o teatro não possui uma linguagem própria, se é realmente ilusório considerá-lo como arte autônoma e independente, na mesma medida em que o são a música, a pintura, a dança etc. etc.

Verifica-se que semelhante linguagem, se existente, confunde-se necessariamente com a encenação considerada:

1º De um lado, como materialização visual e plástica da palavra.

2º Como a linguagem de tudo o que pode ser dito e significado em cena independentemente da palavra; tudo o que encontra sua expressão no espaço ou que pode ser atingido ou desagregado pelo espaço.

Sobre uma tal linguagem da encenação, entendida como linguagem teatral pura, a questão é saber se ela é capaz de atingir o mesmo propósito interior que a palavra; se, teatralmente e sob o ponto de vista do espírito, pode aspirar à mesma eficácia intelectual da linguagem articulada. Ou seja, podemos perguntar se é capaz não de especificar pensamentos, mas sim de *fazer pensar*; se é capaz de levar o espírito a tomar atitudes profundas e eficazes a partir do seu próprio ponto de vista.

Em síntese, levantar a questão da eficácia intelectual da expressão por meio de formas objetivas, da eficácia intelectual de uma linguagem que só utilize formas, ruídos e gestos, é levantar a questão da eficácia intelectual da arte.

Se chegamos ao ponto de atribuir um mero valor de entretenimento e de repouso à arte, se a confinamos numa utilização puramente formal das formas, na harmonia de certas relações exteriores – nada disso prejudica seu valor expressivo profundo. Mas a enfermidade espiritual do Ocidente – lugar por excelência da confusão entre arte e esteticismo – consiste em pensar que só pode existir uma pintura que serve apenas para pintar, uma dança apenas plástica, como se fosse possível retalhar as formas de arte e romper seus vínculos com todas as atitudes místicas que elas podem assumir ao se confrontarem com o absoluto.

Fica claro então que o teatro, justamente por encerrar-se na sua linguagem, por permanecer em correlação com ela, deve romper com a atualidade; que seu objetivo não é a resolução dos conflitos psicológicos e sociais, ou então servir como campo de batalha das paixões morais, mas sim exprimir, objetivamente, verdades secretas, fazer vir à luz, por gestos ativo, essa porção de verdade oculta sob as formas que se confrontam com o Devir.

Fazer isso, ligar o teatro às possibilidades de expressão pelas formas, por tudo aquilo que for gesto, ruído, cor, plasticidade etc., é devolvê-lo à sua destinação primitiva, é repô-lo no seu aspecto religioso e metafísico, é reconciliá-lo com o universo.

Mas as palavras – dirão – têm faculdades metafísicas, nada impedindo que se imagine a palavra como o gesto projetado no plano universal, e é exatamente nesse plano que a palavra adquire sua eficácia maior, como força de dissociação de todas as aparências materiais, de todos os estados nos quais o espírito repousa ou tende a se estabilizar. É fácil responder afirmando que essa forma metafísica de encarar a palavra não é a mesma do teatro ocidental, que esse não a vê como força ativa que parte da destruição das aparências para chegar até o espírito mas, ao contrário, como estágio final do pensamento que se degrada ao exteriorizar-se.

No teatro ocidental, a palavra só serve para expressar conflitos psicológicos do homem e da sua situação na atualidade cotidiana da vida. Seus conflitos são claramente regidos pela linguagem articulada e, quer permaneçam no campo do psicológico, quer saiam desse para ingressar no campo do social, sempre será um drama de interesse moral, pelo modo como os conflitos atacam e desagregam os personagens. E sempre se tratará de um campo onde as resoluções verbais da palavra terão primazia. Porém tais conflitos morais, pela sua própria natureza, não precisam da cena teatral para se resolverem. Fazer com que a cena seja dominada pela linguagem articulada, ou pela expressão articulada através de palavras, em detrimento da expressão objetiva dos gestos e de tudo que atinge o espírito por meio de sons no espaço, é voltar as costas às necessidades físicas da cena e insurgir-se contra suas possibilidades.

É preciso dizê-lo: o campo do teatro não é psicológico, mas sim plástico e físico. E não se trata de saber se a linguagem física do teatro consegue chegar às mesmas soluções psicológicas que a linguagem das palavras, se também é capaz de expressar sentimentos e paixões; trata-se de saber se não existem atitudes, no campo da inteligência e do pensamento, que não podem ser captadas pelas palavras e que são expressadas com muito maior precisão pelos gestos ou por tudo que participa da linguagem no espaço.

Antes de exemplificar as relações entre o mundo físico e os estados profundos do pensamento, permitirão que citemos a nós mesmos:

"Todo verdadeiro sentimento é intraduzível na realidade. Expressá-lo é traí-lo. Mas traduzi-lo é *dissimulá-lo*. A verdadeira expressão oculta o que está se manifestando. Ela contrapõe o espírito ao vazio real da natureza, criando como reação uma espécie de cheio no pensamento. Ou, se preferirem, com relação à manifestação-ilusão da natureza, ela cria um vazio no pensamento. Todo sentimento poderoso nos provoca uma ideia de vazio. E a linguagem clara que impede o vazio também impede a aparição da poesia no pensamento. É por isso que uma imagem, uma alegoria, uma figura mascarando aquilo que deveria revelar têm mais significado para o espírito que as claridades trazidas pelas análises da palavra.

"É por isso que a verdadeira beleza nunca nos atinge diretamente. E um sol poente é belo por tudo aquilo que ele nos está fazendo perder."[1]

Os pesadelos da pintura flamenga nos tocam pela justaposição, ao lado do mundo verdadeiro, daquilo que só é uma caricatura do mundo; eles oferecem fantasmas que poderiam ter sido sonhados. Suas fontes são os estados semissonhados que provocam gestos falhos e absurdos lapsos da língua. Ao lado de uma criança perdida, colocam uma harpa que salta; ao lado de um embrião humano nadando em cascatas subterrâneas, mostram, sob uma temível fortaleza, o avanço de um verdadeiro exército. Ao lado da incerteza sonhada, a marcha da certeza e, para além da luz amarela de um porão, o clarão alaranjado de um grande sol de outono a ponto de retirar-se.

Não se trata de suprimir a palavra no teatro, porém de mudar sua finalidade e, principalmente, de reduzir seu lugar, considerá-la como outra coisa e não apenas um meio de conduzir personagens humanos a seus fins exteriores, pois nunca se trata no teatro de outra coisa a não ser do modo como os sentimentos e as paixões e os homens se opõem na vida, uns aos outros.

Mudar a finalidade da palavra no teatro é servir-se dela num sentido concreto e espacial, combinando-a com tudo que o teatro contém de espacial e de significação num domínio concreto; é manipulá-la como objeto sólido, capaz de abalar as coisas, inicialmente no ar, em seguida num domínio infinitamente mais misterioso e mais secreto que, todavia, ainda admite a extensão; e esse domínio secreto, porém extenso, pode

---

1. Os comentaristas não conseguiram localizar o texto citado; supõe-se que seja algum artigo do próprio Artaud que se perdeu.

ser facilmente identificado ao da anarquia formal de um lado e, de outro, à criação formal contínua.

Assim, a identificação do objeto do teatro com todas as possibilidades de manifestação formal e extensa faz aparecer a ideia de uma certa poesia no espaço, a qual por sua vez se confunde com a bruxaria.

No teatro oriental, de tendência metafísica, oposto ao teatro ocidental, de tendência psicológica, as formas tomam posse dos seus sentidos e suas significações em todos os planos possíveis; ou, se quiserem, suas consequências vibratórias não se projetam num só plano mas sobre todos os planos do espírito, simultaneamente.

É através dessa multiplicidade de aspectos que as formas assumem seu poder de encantamento e inquietação e se tornam uma contínua excitação para o espírito. É por o teatro oriental não considerar os aspectos exteriores das coisas a partir de um único plano, por não se deter no simples obstáculo que é o impacto sólido desses aspectos sobre os sentidos, por não cessar de considerar o grau de possibilidade mental da qual saíram, que ele participa da intensa poesia da natureza e conserva suas relações mágicas com todos os níveis objetivos do magnetismo universal.

É sob esse ângulo da utilização mágica e da feitiçaria que devemos encarar a encenação, não como o reflexo de um texto escrito e dessa projeção de duplos físicos que se desprende do texto escrito, mas como a projeção ardente de tudo que pode ser extraído das consequências objetivas de um gesto, de uma palavra, de uma música e das suas múltiplas combinações. Essa projeção ativa só pode ser feita em cena, suas consequências ativas só são encontradas na cena e sobre a cena; e o autor que usa exclusivamente palavras escritas só tem uma coisa para fazer: ceder seu lugar aos especialistas nessa feitiçaria objetiva e animada.

O teatro e a peste
[trecho]

[...]

Uma verdadeira peça de teatro transtorna o repouso dos sentidos, libera o inconsciente comprimido, leva a uma espécie de revolta virtual, impõe às coletividades reunidas uma atitude heroica e difícil.

É assim que em *Annabella* de Ford[2] vemos, para nossa grande perplexidade e desde o levantar do pano, uma criatura lançar uma insolente reivindicação de incesto, empenhando todo seu vigor de indivíduo consciente e jovem para proclamá-la e justificá-la.

Ele não para um instante, ele não hesita um só minuto, mostrando quão pouco se importa com todas as barreiras que lhe poderiam ser opostas. É criminoso com heroísmo e é herói com audácia e ostentação. Tudo o impele nessa direção, para ele não há nem terra nem céu, só a força da sua paixão convulsiva à qual responde a paixão igualmente rebelde e heroica de Annabella.

"Choro", diz esta, "não por remorso, mas por medo de não poder chegar a satisfazer minha paixão." Ambos são falsários hipócritas, mentirosos a serviço da sua paixão sobre-humana que as leis proíbem e reprimem, mas que, para eles, está acima das leis.

Vingança por vingança e crime por crime. Quando os vemos ameaçados, encurralados, perdidos, quando estamos dispostos a lamentá-los como vítimas, eis que se revelam prontos para devolver ao destino cada ameaça e cada golpe.

Nós os acompanhamos de excesso em excesso e de reivindicação em reivindicação. Annabella é presa,

---

2. É a peça *'Tis Pity She's a Whore* [Pena que ela seja uma puta], do dramaturgo elisabetano John Ford, publicada em 1633, e que Artaud designa pelo nome da protagonista.

acusada de adultério, de incesto, espezinhada, insultada, arrastada pelos cabelos, e nossa perplexidade aumenta ao vermos que no lugar de procurar uma escapatória, ela ainda provoca seu carrasco e canta numa espécie de obstinado heroísmo. É o absoluto da revolta, é o amor sem trégua, exemplar, fazendo que nós, espectadores, arquejemos de angústia diante da ideia de que nada poderá detê-los.

Se procurarmos um exemplo de liberdade absoluta na revolta, *Annabella* de Ford nos oferece o exemplo poético ligado à imagem do perigo absoluto.

E quando acreditamos ter chegado ao paroxismo do horror, do sangue, das leis achincalhadas, enfim, da poesia que consagra a revolta, somos obrigados a ir mais longe ainda numa vertigem que ninguém pode deter.

Mas enfim, dizemos, aqui está a vingança, a morte por tamanha audácia e tão irresistível perversidade.

Pois bem, não. Giovanni, o amante inspirado em um grande poeta exaltado, põe-se para além da vingança, além do crime, praticando uma espécie de crime indescritível e apaixonado, além da ameaça, além do horror, por meio de um horror ainda maior que simultaneamente derrota as leis, a moral e todos aqueles que têm a audácia de se erigir em justiceiros.

Uma armadilha é ardilosamente preparada: encomendam um festim onde, entre os convidados, estão ocultos espadachins e esbirros, prontos a se precipitarem sobre ele ao primeiro sinal. Mas nosso herói encurralado, perdido, inspirado pelo amor, não vai deixar ninguém justiçar seu amor.

Querem, parece ele dizer, a pele do meu amor; serei eu quem lhes jogará este amor na cara, que os aspergirá com o sangue deste amor cuja altura jamais poderão alcançar.

E ele mata a amante e lhe arranca o coração como para saciar-se no meio de um festim onde os convidados esperavam, talvez, devorá-lo.

E, antes de ser executado, ainda mata o rival, o marido da irmã que ousara erguer-se entre seu amor e ele, e o executa num derradeiro combate que aparece então como seu próprio espasmo de agonia.

Como a peste, o teatro é portanto um formidável chamado de forças que conduzem o espírito, pelo seu exemplo, à origem dos seus conflitos. O exemplo passional de Ford nada mais é, percebe-se claramente, que o símbolo de um trabalho grandioso e essencial.

A apavorante aparição do mal, apresentado na sua forma pura nos mistérios de Eleusis, verdadeiramente revelado, corresponde ao tempo negro de certas tragédias antigas que devem ser redescobertas por todo verdadeiro teatro.

Se o teatro essencial é como a peste, não é por ser contagioso, mas por ser, como a peste, a revelação, a exposição, a condução para a frente de um fundo de crueldade latente pelo qual localizam-se no indivíduo ou em povos inteiros as possibilidades perversas do espírito.

Assim como a peste, é o tempo do mal, o triunfo das forças negras alimentadas até a extinção por uma força da alma, mais profunda ainda.

Há no teatro, como na peste, um estranho sol, uma luz de intensidade anormal na qual o impossível e o difícil parecem tornar-se elementos normais. E a *Annabella* de Ford, como todo teatro verdadeiramente válido, está sob o clarão desse estranho sol. Assemelha-se à liberdade da peste quando, pouco a pouco, gradativamente, o agonizante é intumescido pelo seu personagem, quando o ser vivo cada vez mais se transforma num ser grandioso e entesado.

Agora podemos afirmar que toda verdadeira liberdade é negra e se confunde indissociavelmente com a liberdade do sexo que também é negra, sem que saibamos muito bem por qual motivo. Pois faz muito tempo já que o Eros platônico, o sentido genésico, a liberdade da vida, desapareceram sob o revestimento sóbrio da *Libido* que identificamos com tudo que há de sujo, abjeto e infamante no fato de viver e precipitar-se com um vigor natural e impuro, com uma força sempre renovada na direção da vida.

É por isso que todos os grandes Mitos são negros e só podem ser imaginados dentro de um clima de carnificina, tortura, sangue derramado; todas essas Fábulas magníficas que servem para narrar às multidões a primeira partilha sexual e a primeira carnificina de essências que aparece na criação.

O teatro, como a peste, é uma imagem dessa carniçaria, dessa separação essencial. Ele desata os conflitos, solta as forças, desencadeia as possibilidades, e se essas forças e possibilidades são negras, a culpa não é do teatro nem da peste, mas da vida.

Não achamos que a vida tal como é, tal como nos foi feita, nos ofereça muitos temas para a exaltação. Parece que através da peste esvazia-se um gigantesco abcesso, tanto moral como social; assim como a peste, o teatro também é feito para esvaziar coletivamente o abscesso.

Pode ser que o veneno do teatro lançado no corpo social o desagregue, como diz Santo Agostinho, mas à maneira de uma peste, um flagelo vingador, uma epidemia salvadora na qual épocas crédulas quiseram ver o dedo de Deus e que nada mais é senão a aplicação de uma lei da natureza pela qual todo gesto é compensado por outro gesto e toda ação por uma reação.

O teatro, assim como a peste, é uma crise que se resolve pela morte ou pela cura. E a peste é um mal superior por ser uma crise completa, não sobrando nada depois dela a não ser a morte ou a purificação. Da mesma forma, o teatro é um mal por ser o equilíbrio supremo que não pode ser atingido sem destruição. Ele convida o espírito a um delírio que exalta suas energias; e vemos, para terminar, que, do ponto de vista humano, a atuação do teatro, como a da peste, é benéfica, impelindo os homens a se enxergarem como são, fazendo caírem as máscaras, descobrindo a mentira, a velhacaria, a baixeza, a hipocrisia; sacudindo a inércia asfixiante da matéria que toma conta até dos dados mais claros dos sentidos; revelando às coletividades seu poder sombrio, sua força oculta, convidando-as a tomarem uma atitude heroica e superior diante do destino, que de outro modo jamais assumiriam.

E a questão que agora se coloca é saber se neste mundo que desliza, que se suicida sem perceber, haverá um núcleo de homens capazes de impor esta noção superior de teatro, que nos dará o equivalente natural e mágico dos dogmas nos quais não acreditamos mais.

A encenação e a metafísica
[trecho]

[...]

O mais urgente me parece ser a determinação dessa linguagem física, dessa linguagem material e sólida pela qual o teatro pode se diferenciar da palavra.

Consiste em tudo que ocupa a cena, tudo que pode se manifestar e expressar materialmente em cena e que se dirige aos sentidos em vez de se dirigir primeiramente ao espírito como a linguagem da palavra. (Bem sei que as palavras também têm possibilidades de sonorização, meios diversos de se projetar no espaço, chamados de *entonações*. Haveria muito mais a ser dito sobre o valor concreto da entonação no teatro, sobre a faculdade que as palavras têm de criar uma música pelo modo como são pronunciadas, independentemente do seu sentido concreto, e que até pode ir contra esse sentido – as possibilidades de criar sob a linguagem uma corrente subterrânea de impressões, correspondências e analogias; mas esse modo teatral de encarar a linguagem já é *um lado* da linguagem, acessório para o ator dramático, do qual, atualmente, ele nem tem consciência na preparação do espetáculo. Deixemos de lado, pois.)

Essa linguagem feita para os sentidos deve, antes de mais nada, empenhar-se em satisfazê-los. Isso não impede que, em seguida. sejam desenvolvidas todas as suas consequências intelectuais, em todos os planos possíveis e em todas as direções. Permite-se, assim, a substituição da poesia da linguagem pela poesia no espaço que se resolverá justamente no domínio daquilo que não pertence estritamente às palavras.

[...]

Semelhante poesia complexa e difícil reveste-se de múltiplos aspectos: de todos os meios de expressão utilizáveis em cena, com a música, a dança, plástica, pantomima, mímica, gesticulação, entonações, arquitetura, iluminação e cenário.

Cada um desses meios tem sua poesia intrínseca e, em seguida, uma espécie de poesia irônica que provém do modo de combinar-se com outros meios de expressão; e as consequências dessas combinações, das suas reações e das suas destruições recíprocas são fáceis de perceber.

[...]

Uma das formas dessa poesia no espaço – fora daquela que pode ser criada pela combinação de linhas, formas, cores e objetos no seu estado bruto, como podem ser encontrados em todas as artes – pertence à linguagem por sinais.³ E me deixarão falar por um momento, espero, desse outro aspecto da linguagem teatral pura que escapa à palavra, dessa linguagem por signos, por gestos e posturas com um valor ideográfico igual ao de certas pantomimas não pervertidas.

Por "pantomima não pervertida" entendo a pantomima direta onde os gestos, em lugar de representarem palavras e corpos de frases como na nossa pantomima europeia, velha de apenas cinquenta anos, mera deformação das partes mudas da comédia italiana, representem ideias, atitudes do espírito, aspectos da natureza, e isso de uma maneira efetiva, concreta, ou seja, evocando sempre objetos e detalhes naturais como a linguagem oriental que representa a noite por uma árvore na qual um pássaro que já fechou um olho começa a fechar o outro. Outra ideia abstrata ou postura⁴ do espírito poderia ser representada por qualquer um dos inumeráveis símbolos das Escrituras como, por exemplo, o buraco da agulha pelo qual o camelo é incapaz de passar.

Vê-se que tais signos constituem verdadeiros hieróglifos onde o homem, na medida em que contribui para formá-los, é apenas uma forma como as outras à qual, pela sua dupla natureza, acrescenta um prestígio singular.

Essa linguagem que evoca para o espírito as imagens de uma intensa poesia natural (ou espiritual) dá

---

3. Sinal: em francês, *signe*. A tradução correta é, portanto, sinal, já que Artaud se refere à linguagem gestual. No entanto, como Artaud na verdade está demonstrando que o sinal, o gestual, o postural também pertencem à categoria dos signos da linguagem, usamos signo, nas passagens seguintes, como tradução de *signe*.
4. Postura: o termo utilizado em francês é *attitude*, significando postura, posição corporal, e não atitude no sentido normalmente usado em psicologia.

uma boa ideia do que poderia ser no teatro uma poesia no espaço, independente da linguagem articulada.

 Sejam quais forem essa linguagem e essa poesia, assinalo que, em nosso teatro, que vive sob a ditadura exclusiva da palavra, a linguagem dos sinais e da mímica, a pantomima silenciosa, as posturas, os gestos no ar, as entonações objetivas, em suma, tudo que considero como especificamente teatral no teatro, todos esses elementos, quando existem fora do texto, estão ligados à parte inferior do teatro e são chamados negligentemente de técnica e confundidos com o que se entende por encenação ou "produção"; isso quando não se atribui à palavra "encenação" a ideia dessa suntuosidade artística e exterior que pertence exclusivamente aos figurinos, à iluminação e ao cenário.

 Em contraposição a esse ponto de vista que me parece ocidental e principalmente latino, ou seja, obstinado, insisto que, na medida em que semelhante linguagem existe a partir da encenação, que extrai sua eficácia da criação espontânea em cena, que se bate com a encenação sem passar pelas palavras (e por que não imaginar uma peça diretamente criada em cena, produzida em cena?) – então a encenação é o teatro, muito mais que a peça escrita ou falada. Pedirão que eu especifique o que há de latino no ponto de vista oposto ao meu. O que há de latino é a necessidade de utilizar palavras para exprimir ideias que sejam claras. Para mim, as ideias claras, no teatro como em qualquer outro lugar, são ideias mortas e encerradas.

 A ideia de uma peça feita diretamente de encenação, confrontando-se com os obstáculos da produção e da encenação, impõe a descoberta de uma linguagem ativa, ativa e anárquica, onde os limites usuais dos sentimentos e das palavras sejam abandonados.

 De qualquer forma, é bom deixar claro: um teatro que submete a encenação e a produção ao texto, ou seja, que submete ao texto tudo que é especificamente teatral, é um teatro de idiota, de louco, de invertido, de gramático, de merceeiro, de antipoeta e de positivista, ou seja, de Ocidental.

Bem sei que a linguagem dos gestos e das posturas, a dança, a música, são menos capazes de elucidar um personagem, narrar os pensamentos humanos do personagem, expor estados de consciência claros e precisos, em comparação com a linguagem verbal; mas quem disse que o teatro foi feito para elucidar um caráter, para solucionar conflitos de natureza humana e passional, de natureza atual e psicológica, como esses dos quais nosso atual teatro está cheio?

Dado o teatro tal como o vemos hoje, fica parecendo que as únicas coisas importantes na vida são saber se vamos fazer bem o amor; se vamos fazer a guerra ou se seremos covardes o bastante para fazer a paz; de que forma nos acomodamos às nossas pequenas angústias morais; se temos consciência dos nossos "complexos" (para usar a linguagem dos sábios), ou se esses nos sufocarão. Raramente o debate se eleva até o plano social e consegue fazer o julgamento do nosso sistema social e moral. Nosso teatro nunca chega até o ponto de se perguntar se esse sistema não seria, por acaso, iníquo.

Pois bem, afirmo que o sistema atual é iníquo e bom para ser destruído. Se isso tem a ver com o teatro, tem muito mais a ver com as metralhadoras. Nosso teatro sequer é capaz de colocar a questão do modo ardente e eficaz que deveria, mas, mesmo que o fizesse, não estaria dentro da sua finalidade que, para mim, é muito mais elevada e mais secreta.

Todas as preocupações enumeradas acima fedem prodigiosamente a homem, ao homem provisório e material, diria mesmo ao *homem-carniça*. Tais preocupações, quanto a mim, me enojam, me enojam no mais alto grau, bem como quase todo teatro contemporâneo, tão humano quanto antipoético e que, exceto três ou quatro peças, parece-me feder a decadência e podridão.

O teatro contemporâneo é decadente porque de um lado perdeu o sentimento do sério; do outro, o sentimento do riso. Porque rompeu com a gravidade, com a eficácia imediata e perniciosa – e para dizer tudo, com o Perigo.

Pois ele perdeu o verdadeiro senso de humor e o poder de dissociação física e anárquica do riso.

Pois ele rompeu com o espírito de anarquia profunda que está na base de toda poesia.

É preciso admitir que tudo, na destinação de um objeto, no sentido ou na utilização de uma forma natural, é questão de convenção.

A natureza, quando deu a uma árvore a forma de árvore, podia igualmente ter-lhe dado a forma de animal ou de uma colina, e nós pensaríamos *árvore* diante do animal ou colina e daria na mesma.

Está pressuposto que uma mulher bonita tem uma voz harmoniosa; se desde o começo dos tempos ouvíssemos todas as mulheres bonitas nos chamar a toques de cometa e nos saudar com mugidos, teríamos pela eternidade associado a ideia de mugido à de uma bela mulher, e uma parte da nossa visão interna do mundo se teria transformado radicalmente.

Isso nos ajuda a entender como a poesia é anárquica, na medida em que coloca em questão todas as relações de objeto a objeto e de formas com seus significados. Ela também é anárquica na medida em que sua aparição é consequência de uma desordem que nos aproxima do caos.

Não darei novos exemplos. Poderiam ser multiplicados até o infinito e não só exemplos humorísticos como os que acabo de usar.

Teatralmente, tais inversões de formas, tais deslocamentos de significados poderiam vir a ser o elemento essencial dessa poesia humorística no espaço que é domínio exclusivo da encenação.

Há um filme dos irmãos Marx[5] no qual um homem, acreditando receber nos braços uma mulher, recebe em seus braços uma vaca que emite um mugido. Por um conjunto de circunstâncias que não vale a pena enumerar, o mugido, nesse momento, assume uma dignidade intelectual idêntica a não importa qual grito de mulher.

Semelhante situação, possível no cinema, não é menos possível no teatro, basta pouca coisa: por exemplo, substituir a vaca por um manequim animado, uma espécie de monstro dotado da palavra ou por um homem disfarçado de animal, para redescobrir o segredo de uma poesia objetiva baseada no humor à qual o teatro renunciou, abandonando-a ao music-hall e deixando que o cinema a tomasse.

Há pouco falei do perigo. O que me parece concretizar melhor em cena essa ideia de perigo é o imprevisto objetivo, o imprevisto não nas situações, mas nas coisas, a passagem intempestiva, brusca, de uma imagem pensada a uma imagem verdadeira: por exemplo, um homem que blasfema e vê materializar-se à sua frente a imagem da sua blasfêmia (desde que, acrescento, essa imagem não seja inteiramente gratuita, que dê origem por sua vez a outras imagens no mesmo espírito etc.).

Um outro exemplo seria a aparição de um Ser inventado, feito de madeira e enchimentos, impassível e, todavia, inquietante por natureza, capaz de reintroduzir

---

5. Artaud refere-se a *Animal Crackers*, dos irmãos Marx, também objeto de outros textos seus.

em cena um pequeno sopro desse grande medo metafísico que está na origem de todo o teatro da Antiguidade.

Os balineses e seu dragão inventado, assim como todos os orientais, não perderam o sentido desse medo misterioso, sabendo tratar-se de um dos elementos mais ativos (além de essencial) do teatro quando esse é remetido a seu verdadeiro plano.

Acontece que a verdadeira poesia, queiram ou não, é metafísica e, digo mais, seu alcance metafísico, seu grau de eficácia metafísica é que define seu valor real.

Esta é a segunda ou terceira vez em que falo aqui de metafísica. Falava, há pouco, a propósito de psicologia, de ideias mortas, e sinto que muitos estão tentados a me dizer que, se existe no mundo uma ideia inumana, uma ideia ineficaz e morta, que pouco tem a dizer, mesmo para o espírito, esta é a ideia de metafísica.

Isso se deve, como diz René Guenon, "à nossa maneira puramente ocidental, à nossa maneira antipoética e truncada de considerar os princípios (sem levar em conta o estado espiritual energético e total que lhes corresponde)".

No teatro oriental de tendência metafísica, oposto ao teatro ocidental de tendência psicológica, todo esse amontoado compacto de gestos, sinais, atitudes e sonoridades que constitui a linguagem da produção e da encenação, essa linguagem que desenvolve todas as suas consequências físicas e poéticas em todos os planos da consciência e em todos os sentidos, leva necessariamente o pensamento a tomar atitudes profundas que podem ser chamadas de *metafísica em atividade*.

[...]

Para mim, o teatro se confunde com suas possibilidades de realização quando se extrai dele suas consequências poéticas extremas, e as possibilidades de realização do teatro pertencem inteiramente ao domínio da encenação considerada como linguagem no espaço e em movimento.

Ora, extrair as consequências poéticas extremas dos meios de realização é fazer metafísica, e acredito que ninguém objetará a esta maneira de considerar a questão.

E fazer a metafísica da linguagem, dos gestos, das posturas, do cenário, da música sob o ponto de vista teatral é, parece-me, considerá-los sob todas as maneiras possíveis de se encontrarem com o espaço e o movimento.

Dar exemplos objetivos dessa poesia resultante dos diversos modos pelos quais um gesto, uma sonoridade, uma entonação podem se apoiar com maior ou menor insistência sobre esta ou aquela parte do espaço, neste ou naquele momento, me parece tão difícil quanto transmitir por meio de palavras o sentimento da qualidade específica de um som ou do grau e qualidade de uma dor física. Isso depende da produção e só pode ser resolvido em cena.

Seria necessário agora reexaminar todos os meios de expressão do teatro (ou da encenação que, no sistema que acabo de expor, se confunde com ele). Isso me levaria longe demais; darei apenas um ou dois exemplos.

Inicialmente a linguagem articulada.

Fazer a metafísica da linguagem articulada é fazer com que a linguagem exprima aquilo que não exprime habitualmente: é servir-se dela de um modo novo, excepcional e inusitado, é restituir-lhe suas possibilidades de abalar fisicamente; é dividi-la e reparti-la ativamente no espaço; é tomar as entonações de uma maneira concreta absoluta e devolver-lhes seu poder de ferir e de realmente manifestar alguma coisa; é voltar-se contra a linguagem e suas origens baixamente utilitárias, suas origens de fera encurralada, puramente alimentares; é, enfim, considerar a linguagem sob forma de *Encantamento*.

Tudo, nessa maneira poética e ativa de encarar a expressão em cena, leva-nos ao distanciamento da concepção humana, atual e psicológica do teatro, para redescobrir a acepção religiosa e mística cujo sentido foi totalmente perdido por nosso teatro.

Se é suficiente pronunciar as palavras *religioso* ou *místico* para ser confundido com um sacristão ou então com um bonzo profundamente iletrado, exterior ao templo budista e que só serve para girar as rodas de oração, então temos a medida da nossa incapacidade para extrair todas as consequências de uma palavra e da nossa ignorância profunda do espírito de síntese e de analogia.

Isso significa, talvez, que tenhamos chegado a um ponto no qual perdemos todo contato com o verdadeiro teatro, já que nos limitamos ao âmbito daquilo que o pensamento do dia a dia pode alcançar, ao domínio de conhecido ou desconhecido pela consciência – e se nos dirigimos teatralmente ao inconsciente, é apenas para extrair o que ele foi capaz de guardar (ou de esconder) da experiência acessível do dia a dia.

Por outro lado, ao dizerem que um dos motivos da eficácia física sobre o espírito, da força de ação direta e imagética de certas realizações do teatro oriental – como as do teatro balinês – é o fato de semelhante teatro apoiar-se sobre tradições milenares e ter conservado intactos os segredos da utilização dos gestos, das entonações, da harmonia relacionados com os significados e em todos os planos possíveis, então não estarão condenando o teatro oriental, mas estarão condenando a nós mesmos, ao estado de coisas no qual vivemos e que deve ser destruído, destruído com empenho e maldade, em todos os planos e níveis nos quais é impedido o livre exercício do pensamento.

Acabar com as obras-primas
[trecho]

[...]

Devemos acabar com essa superstição de textos e poesia *escrita*. A poesia escrita vale por uma vez e que seja destruída em seguida. Que os poetas mortos cedam seu lugar para os outros. E é fácil perceber que nossa veneração diante do que já foi feito, por mais válido e belo que seja, nos petrifica, nos estabiliza e nos impede de tomar contato com a força que está por baixo, quer a chamemos energia pensante, força vital, determinismo das trocas, menstruações lunares ou qualquer outra coisa. Sob a poesia dos textos existe uma poesia pura e simplesmente, sem forma e sem texto. Assim como se esgota a eficácia das máscaras que servem para as operações de magia de certos povos – e então tais máscaras só servem para ficarem jogadas nos museus –, também se esgota a eficácia poética de um texto, sendo que a poesia e a eficácia do teatro se esgotam menos rapidamente por permitirem a ação do que se gesticula e se pronuncia e que nunca se repete.

Trata-se de saber o que queremos. Se já estamos preparados para a guerra, a peste, a fome e o massacre, então nem precisamos falar, basta continuar: continuar nos comportando como esnobes, comparecendo em massa para ver tal cantor, tal espetáculo admirável e que não ultrapassa o domínio da arte (e até os balés russos, mesmo no momento do seu esplendor máximo, não ultrapassaram o domínio da arte), tal exposição de pintura de cavalete, na qual lampejam aqui e ali formas impressionantes, mas ao acaso e sem uma consciência verídica das forças que podem ser movidas.

É preciso que acabem esse empirismo, esse acaso, esse individualismo e essa anarquia.

Basta de poemas individuais que só trazem proveito àqueles que os fazem, nunca àqueles que os leem.

Basta, de uma vez por todas, de manifestações artísticas fechadas, egoístas e pessoais.

Nossa anarquia e desordem do espírito são uma função da anarquia do restante – ou, melhor ainda, é o restante que é função dessa anarquia.

Não sou daqueles que acham que a civilização deve transformar-se para que o teatro se transforme; mas acredito que o teatro, utilizado no seu sentido superior e mais difícil, tenha a capacidade de influir no aspecto e na formação das coisas: e o encontro em cena de duas manifestações passionais, dois espaços vivos, dois magnetismos nervosos, é qualquer coisa de tão íntegro, tão verdadeiro, tão determinante quanto, no plano da vida, o encontro de duas epidermes num estupro sem amanhã.

É por isso que proponho um teatro da crueldade. – Com essa mania de rebaixar tudo, com a qual todos temos a ver, "crueldade", quando pronunciei esta palavra, se tornou sinônimo de "sangue" para todo mundo. Mas *"teatro da crueldade"* quer dizer teatro difícil e cruel principalmente para mim. No plano da representação, não se trata dessa crueldade que podemos exercer uns sobre os outros, despedaçando-nos mutuamente, serrando anatomias pessoais ou, como os imperadores assírios, mandando sacos de orelhas humanas, narizes e narinas bem cortadas pelo correio; mas sim da crueldade muito mais terrível e necessária que as coisas podem exercer sobre nós. Não somos livres. O céu ainda pode cair sobre nossas cabeças. E o teatro é feito para ficarmos sabendo disso.

Ou somos capazes de voltar por meios modernos e atuais a essa ideia superior de poesia e de poesia pelo teatro que está por trás dos Mitos narrados pelos grandes trágicos antigos – capaz de mais uma vez sustentar uma ideia religiosa de teatro, ou seja, sem meditação, sem contemplação inútil, sem sonhos esparsos, chegando assim a uma tomada de consciência e também de posse de cenas forças dominantes, de certas noções que dirigem tudo; e como as noções, quando efetivas, trazem consigo sua energia, seremos capazes de redescobrir em nós essas energias que no fim das contas geram a ordem e elevam o valor da vida – ou, então, nada nos resta senão nos entregarmos imediatamente e sem reação, reconhecendo que só servimos para a desordem, a fome, o sangue, a guerra e as epidemias.

Ou conduzimos todas as artes a uma atitude e uma necessidade centrais, descobrindo analogias entre um gesto feito na pintura ou no teatro e o gesto feito pela lava num desastre vulcânico, ou então podemos parar de pintar, deblaterar, escrever e continuar fazendo seja lá o que for.

Proponho o retorno do teatro a essa ideia elementar e mágica, retomada pela psicanálise moderna, que consiste em, para obter a cura do doente, fazê-lo assumir a atitude exterior do estado ao qual se pretende reconduzi-lo.

Proponho a renúncia a esse empirismo das imagens que o inconsciente traz ao acaso e que também são jogadas ao acaso e chamadas de imagens poéticas, portanto herméticas, como se essa espécie de transe provocado pela poesia não repercutisse na sensibilidade toda, na totalidade dos nervos, e como se a poesia fosse uma força vaga, incapaz de variar seus movimentos.

Proponho que, através do teatro, voltemos a uma ideia de conhecimento físico das imagens e dos meios de provocar o transe, da mesma forma como a medicina chinesa conhece, em toda a extensão da anatomia humana, os pontos que devem ser picados e que fazem reagir até as funções mais sutis.

Para quem tiver esquecido o poder comunicativo e o mimetismo mágico do gesto, o teatro pode ensiná-lo novamente, pois um gesto traz consigo sua força e existem seres humanos que, no teatro, são capazes de manifestar a força do gesto que é executado.

Fazer arte é privar o gesto da sua ressonância no organismo e, se o gesto for feito nas condições adequadas, com a devida força, convidará o organismo, e assim toda a individualidade, a tomar atitudes correspondentes ao gesto que é feito.

O teatro é o único lugar do mundo e o último meio conjunto que ainda temos para atingir diretamente o organismo e, nos períodos de neurose e baixa sensualidade como o atual, é o meio de atacar essa baixa sensualidade por meios físicos aos quais ela não resistirá.

Se a música atua sobre as serpentes, não é pelas noções espirituais que lhes transmite, mas sim por as serpentes serem compridas, por elas se enroscarem prolongadamente sobre a terra, por seu corpo tocar a terra na sua totalidade e as vibrações musicais que se comunicam com a terra as atingirem como uma massagem muito sutil e prolongada. Pois bem, proponho que se atue sobre os espectadores como se fossem serpentes sendo encantadas, fazendo-os voltar, através do organismo, até as noções mais sutis.

Inicialmente por meios grosseiros, que irão gradativamente se tornando mais sutis. Esses meios grosseiros reterão sua atenção no começo.

É por isso que, no "teatro da crueldade", o espectador fica no centro enquanto o espetáculo o rodeia.

Nesse espetáculo, a sonorização será constante: os sons, os ruídos, os gritos serão escolhidos inicialmente por sua qualidade vibratória e, em seguida, pelo que representam.

Nesses meios que se sutilizam, a luz também deve intervir. A luz não é feita só para colorir ou clarear porém traz consigo sua força, sua influência, suas sugestões. A luz de uma caverna verde não deixa o organismo na mesma disposição sensual que a luz de um dia de vendaval.

Depois do som e da luz, vêm a ação e o dinamismo da ação: é aqui que o teatro, longe de copiar a vida, se põe em comunicação com as forças puras. Quer isto seja aceito ou negado, existem formas de falar que chamam forças e fazem nascer no inconsciente imagens enérgicas, bem como crimes gratuitos no mundo exterior.

Uma ação violenta e concentrada é um símile do lirismo: ela chama imagens sobrenaturais, um sangue das imagens, um jorro sangrento de imagens na cabeça do poeta e também na do espectador.

Sejam quais forem os conflitos que obsedam a mente de uma época, desafio o espectador ao qual cenas violentas tiverem transmitido seu sangue, que tiver sentido passar por ele uma ação superior, que tiver visto brilharem em acontecimentos extraordinários os movimentos extraordinários e essenciais do seu pensamento – a violência e o sangue sendo postos a serviço da violência do pensamento –, eu o desafio a entregar-se depois a ideias de guerra, motins e assassinatos ao acaso.

Enunciada dessa maneira, temos uma ideia que parece fraca e pueril. Dirão que o exemplo chama o exemplo, que a atitude de cura convida à cura e a de assassínio ao assassínio, tudo depende do modo e da pureza com que as coisas são feitas. Há sempre um risco. Não esqueçamos que um gesto teatral é violento, mas também desinteressado; que o teatro ensina justamente a inutilidade da ação, feita uma vez e impossível de ser refeita, e a utilidade superior do estado inutilizado pela ação mas que, *virado pelo avesso*, produz a sublimação.

Proponho, pois, um teatro onde as imagens físicas violentas golpeiem e hipnotizem a sensibilidade do espectador pego pelo teatro como por um turbilhão de forças superiores.

Um teatro que, abandonando a psicologia, narre o extraordinário, encene conflitos naturais, forças naturais e sutis e que, em primeira instância, se apresente como uma extraordinária força de derivação. Um teatro que produza transes como os das danças dos derviches e dos issauas, que se dirija ao organismo por meios precisos, pelos mesmos meios das músicas curativas de certos povos, as quais admiramos em discos, mas somos incapazes de refazer.

Há nisso tudo um risco, mas acredito que nas circunstâncias atuais valha a pena corrê-lo. Não creio que cheguemos a estimular o estado de coisas no qual vivemos, ao qual não acredito que valha a pena apegar-se; mas proponho qualquer coisa para sair do marasmo, em vez de continuar reclamando desse marasmo e do tédio, da inércia e da estupidez de tudo.

O teatro e a crueldade

Uma ideia de teatro se perdeu. E na medida em que o teatro se limita a nos fazer entrar na intimidade de alguns fantoches, transformando o público em mero espectador, é compreensível que a elite lhe volte as costas e o grande público vá buscar satisfações mais violentas no cinema, no music-hall e no circo, e não se decepcione.

No grau de usura ao qual chegou nossa sensibilidade, é certo que precisamos, antes de mais nada, de um teatro que nos desperte: nervos e coração.

Os danos do teatro psicológico vindo de Racine nos desabituaram a essa ação imediata e violenta que o teatro deve conter. O cinema, por sua vez, que nos assassina com reflexos, que é filtrado por uma máquina e não pode mais *juntar-se* à nossa sensibilidade, nos mantém, há dez anos, num entorpecimento ineficaz no qual parecem naufragar todas as nossas faculdades.

Na época angustiante e catastrófica em que vivemos, sentimos a necessidade urgente de um teatro que não seja ultrapassado pelos acontecimentos, cuja ressonância em nós seja profunda e que domine a instabilidade desse tempo.

O hábito prolongado dos espetáculos de entretenimento nos fez esquecer a ideia de um teatro grave que, abalando todas as nossas representações, nos insufle o magnetismo ardente das imagens e aja finalmente com o efeito de uma terapia da alma cujo resultado não será esquecido.

Tudo o que age é uma crueldade. É sobre essa ideia de ação conduzida ao seu extremo que o teatro deve renovar-se.

Imbuído da ideia de que a multidão pensa primordialmente com os sentidos e que é absurdo dirigir-se, como no teatro psicológico ordinário, ao seu intelecto, o Teatro da Crueldade se propõe a recorrer aos espetáculos de massas; a buscar na agitação das massas importantes, porém jogadas umas contra as outras e convulsionadas, um pouco dessa poesia que existe nas festas e nas multidões nos dias, hoje tão raros, em que o povo sai às ruas.

Tudo que está no amor, no crime, na guerra ou na loucura deve ser devolvido pelo teatro para que esse recupere sua necessidade.

O amor cotidiano, a ambição pessoal, as intrigas do dia a dia só têm valor quando ligados a essa espécie de horrendo lirismo que existe nos Mitos aos quais coletividades inteiras deram seu consentimento.

É por isso que procuramos concentrar um espetáculo sobre personagens famosos, crimes atrozes, abnegações sobre-humanas, sem chegar a recorrer às imagens expiradas dos velhos Mitos, mas revelando-se capaz de extrair as forças que se agitam neles.

Em suma, acreditamos que há forças vivas nisso que costumamos chamar de poesia, e que a imagem de um crime, apresentada nas condições teatrais adequadas, é qualquer coisa de infinitamente mais terrível que o próprio crime na realidade.

Queremos que o teatro seja uma realidade na qual se possa acreditar, contendo, para o coração e os sentidos, essa espécie de mordida concreta que toda sensação verdadeira implica. Assim como nossos sonhos atuam sobre nós e a realidade também atua nos sonhos, achamos possível identificar as imagens do pensamento a um sonho, que será eficaz desde que lançado com a devida violência. E o público acreditará nos sonhos desse teatro desde que os tome por sonhos e não por decalques da realidade; desde que lhe permitam liberar essa liberdade mágica dos sonhos que só pode ser reconhecida sob a forma de rastros de terror e crueldade.

Daí o apelo à crueldade e ao terror, mas em um plano mais amplo, cuja amplidão sonda nossa vitalidade integral e nos coloca frente a frente com todas as nossas possibilidades.

É para captar a sensibilidade do espectador em todas as suas facetas que preconizamos um espetáculo giratório que, em vez de tornar a encenação e a plateia dois mundos fechados, sem comunicação possível, distribua seus clarões visuais e sonoros entre a massa inteira dos espectadores.

Além disso, saindo do domínio dos sentimentos analisáveis e passionais, pretendemos fazer que o lirismo do ator sirva para manifestar forças externas, fazendo dessa maneira que a natureza toda reingresse no teatro, pela forma que o pretendemos realizar.

Por mais amplo que seja este programa, não ultrapassa o próprio teatro, o qual parece identificar-se, para falar claro, com as formas da antiga magia.

Na prática, queremos ressuscitar uma ideia de espetáculo total, na qual o teatro retomará ao cinema, ao music-hall, ao circo, aquilo que sempre lhe pertenceu. A separação entre o teatro de análise e o mundo plástico sempre nos pareceu uma estupidez. Não se separa o corpo do espírito, nem os sentidos da inteligência, principalmente em um domínio onde a sempre renovada fadiga dos órgãos precisa de abalos bruscos para reavivar nossa compreensão.

Temos, portanto, de um lado a massa e a extensão de um espetáculo que se dirige ao organismo todo; de outro, uma intensa mobilização de objetos, gestos e signos utilizados em um espírito novo. A parte reduzida feita para o entendimento leva a uma compressão enérgica do texto; a parte ativa feita para a emoção poética obscura torna obrigatórios os signos concretos. As palavras pouco falam para o espírito; a extensão e os objetos falam; as imagens novas falam, mesmo quando feitas de palavras. Mas o espaço tonitruante das imagens, repleto de sons, também fala, desde que saibamos mexer com extensões suficientemente amplas de espaços mobiliados de silêncio e imobilidade.

A partir desse princípio, pretendemos fazer espetáculos onde tais meios de ação direta sejam utilizados na sua totalidade; portanto, um espetáculo que não tema ir até onde for necessário na exploração da nossa sensibilidade nervosa, com ritmos, sons, palavras, ressonâncias e gorjeios cuja qualidade e surpreendentes ligações fazem parte de uma técnica que não deve ser divulgada.

No mais, e para falar claramente, as imagens de certos quadros de Grunewald e de Hieronymus Bosch mostram o que pode ser um espetáculo no qual, como no cérebro de um santo qualquer, as coisas da natureza exterior aparecerão como tentações.

É nisso, no espetáculo de uma tentação onde a vida tem tudo a perder e o espírito tudo a ganhar, que o teatro deve recuperar sua verdadeira significação.

E já preparamos um programa para permitir que meios de encenação pura se organizem ao redor de temas históricos ou cósmicos, conhecidos por todos.

Insistimos na necessidade do primeiro espetáculo do Teatro da Crueldade tratar das preocupações das massas, muito mais importantes e inquietantes que aquelas de não importa qual indivíduo.

Trata-se de saber se, em Paris, diante dos cataclismos que se anunciam, será possível encontrar meios de realização, financeiros e outros, para permitir que semelhante teatro viva, coisa que deverá acontecer de qualquer forma, pois pertence ao futuro. Ou se precisaremos de um pouco de sangue verdadeiro, imediatamente, para manifestar essa crueldade.

O teatro de Serafim

A Jean Paulham

Há suficientes detalhes para torná-lo inteligível. Detalhar mais seria estragar a poesia da coisa.

NEUTRO
FEMININO
MASCULINO

Quero experimentar um feminino terrível. O grito da revolta sufocada, da angústia armada para a guerra, da reivindicação.

É como o lamento de um abismo sendo aberto: a terra ferida grita, mas vozes se levantam, profundas como o fundo do abismo e que são o fundo do abismo gritando.
Neutro. Feminino. Masculino.

Para lançar esse grito, eu me esvazio.
Não de ar, mas da própria potência do som. Ergo, à minha frente, meu corpo de homem. E tendo lançado sobre ele "O OLHO", com uma terrível ponderação, pouco a pouco, forço-o a entrar em mim.

Ventre inicialmente. É pelo ventre que o silêncio deve começar, à direita, à esquerda, no ponto dos estrangulamentos da hérnia, lá onde operam os cirurgiões.
O *Masculino*, para fazer sair o grito da força, se apoiaria primeiro no lugar dos estrangulamentos e comandaria a irrupção dos pulmões no fôlego e do fôlego nos pulmões.
Aqui, desgraça!, é exatamente o contrário, e a guerra que pretendo fazer vem da guerra que fazem contra mim.
E há um massacre no meu *Neutro*! Entendam, há uma imagem inflamada de um massacre que alimenta minha guerra contra mim. Minha guerra é alimentada por uma guerra e cospe sua própria guerra.

NEUTRO. *Feminino. Masculino.* Há nesse neutro um recolhimento, a vontade à espreita da guerra, que vai provocar a guerra com a força do seu abalo.
O Neutro, às vezes, inexiste. É um Neutro de repouso, de luz, enfim de espaço.
Entre duas respirações, *estende-se* o vazio, mas então é como um espaço que se estende.

Aqui é um vazio asfixiado. O vazio fechado de uma garganta na qual a própria violência do estertor tampou a respiração.

É no ventre que a respiração desce
e cria seu vazio
a partir do qual o joga ATÉ O TOPO DOS PULMÕES.

Isso quer dizer: para gritar não preciso de força, só preciso da fraqueza; e a vontade surgirá da fraqueza, mas viverá para recarregar a fraqueza com toda a sua força de reivindicação.

E, no entanto, e aqui está o segredo, *como* NO TEATRO, a força não sairá. O masculino ativo será comprimido. Manterá a vontade enérgica do sopro. E a manterá para o corpo todo e, para o exterior, haverá um quadro da *desaparição* da força o qual os SENTIDOS ACREDITARÃO PRESENCIAR.

Desde o vazio do meu ventre atingi o vazio que ameaça o topo dos pulmões.

Daí, sem solução de continuidade sensível, a respiração cai sobre os rins, primeiro à esquerda, um grito feminino, em seguida à direita, no ponto em que a acupuntura chinesa pica a fadiga nervosa quando indica um mau funcionamento do baço e dos intestinos e quando revela uma intoxicação.

Agora posso preencher meus pulmões com um som de catarata, cuja irrupção destruiria meus pulmões se o grito que eu quis soltar não fosse apenas um sonho.

Massageando os dois pontos do vazio sobre o ventre e, de lá, sem passar pelos pulmões, massageando os dois pontos *um pouco acima* dos rins, fizeram nascer em mim a imagem desse grito armado para a guerra, desse terrível grito subterrâneo.

Para esse grito é preciso que eu caia.

É o grito do guerreiro fulminado que passa pelas muralhas destruídas e se esfrega nelas com um barulho de vidraças quebrando.

Caio.
Caio, mas não tenho medo.
Entrego meu medo ao barulho da fúria, num bramido solene.

NEUTRO. Feminino. Masculino.

O Neutro era pesado e fixo. O Feminino é tonitruante e terrível como o uivo de um mastim fabuloso, atarracado como as colunas cavernosas, compacto como o ar murado nas abóbadas gigantescas do subterrâneo.

Grito em sonho,
mas sei que sonho,
e sobre os DOIS LADOS DO SONHO
faço reinar minha vontade.

Grito numa armadura de ossos, nas cavernas da minha caixa torácica que toma uma importância desmedida aos olhos medusados da minha cabeça.

Mas com esse grito fulminado, para gritar é preciso que eu caia.

Caio num subterrâneo e não saio mais, nunca mais saio.

Nunca mais no *Masculino*.

Já falei: o Masculino não é nada. Ele mantém a força, mas me sepulta na força.

E para o exterior é uma palmada, uma larva de ar, um glóbulo sulfuroso que explode na água, este masculino, suspiro de uma boca fechada no momento que se fecha.

Quando todo o ar tiver passado no grito e não sobrar mais nada para o rosto. Desse enorme bramido de mastim, o rosto feminino e fechado acaba de se afastar.

E aqui começam as cataratas.
O grito que acabo de soltar é um sonho.
Mas é um sonho que come o sonho.

Estou bem num subterrâneo, respiro com o fôlego apropriado; ó maravilha, e sou eu o ator.

Imito um guerreiro petrificado, caído sozinho nas cavernas da terra e que grita de medo.

E o grito que acabo de lançar chama inicialmente um buraco de silêncio, de silêncio que se retrai, depois o barulho de uma catarata, um barulho de água, está certo, pois esse barulho tem a ver com o teatro. É assim que em todo verdadeiro teatro se conduz o ritmo bem entendido.

O TEATRO DE SERAFIM:

Isso quer dizer que existe novamente a *magia de viver*: que o ar do subterrâneo, que está bêbado, reflui como um exército, da minha boca fechada até minhas narinas grandes e abertas, com um terrível barulho de guerra.

Isso quer dizer que, quando represento, meu grito deixou de voltar-se contra mim e que desperta seu duplo de fontes nas muralhas do subterrâneo.

E esse duplo é mais que um eco, é a lembrança de uma linguagem cujo segredo o teatro perdeu.

Do tamanho de uma concha, pode ser seguro na cavidade da mão, esse segredo; é assim que fala a Tradição.

Toda a magia de existir terá passado para um só peito quando os tempos se encerrarem.

E tudo isso estará muito perto de um grande grito, de uma fonte de voz humana, uma voz humana solitária e isolada como um guerreiro que não tem mais exército.

Para descrever o grito que sonhei, para representá-lo com palavras vivas, com as palavras apropriadas, de boca a boca e sopro a sopro, fazê-lo passar não pelo ouvido, mas pelo peito do espectador.

Entre a personagem que se agita em mim quando, ator, avanço em cena e aquele que sou quando avanço na realidade, há, sem dúvida, uma diferença de grau, mas em proveito da realidade teatral.

Quando vivo não me sinto viver. Mas quando represento, então sinto que existo.

Quem me proibiria de acreditar no sonho do teatro quando acredito no sonho da realidade?

Quando sonho, faço alguma coisa e, no teatro, faço alguma coisa.

Os acontecimentos do sonho, conduzidos pela minha consciência profunda, me ensinam o sentido dos acontecimentos da vigília na qual sou conduzido pela fatalidade inteiramente nua.

Ora, o teatro é uma grande vigília na qual sou eu quem conduz a fatalidade.

Mas esse teatro onde conduzo minha fatalidade pessoal, que tem como ponto de partida o sopro, e que depois do sopro se apoia no som ou no grito, é preciso para refazer a cadeia, a cadeia de um tempo em que o espectador no espetáculo procura sua própria realidade, permitir que esse espectador se identifique com o espetáculo, respiração a respiração e tempo a tempo.

Esse espectador, não basta que a magia do espetáculo o prenda, ela não o prenderá se não soubermos chegar até ele. Já chega de magia feita ao acaso, de poesia que não tem mais a ciência para se apoiar.

No teatro, a poesia e a ciência devem de agora em diante se identificar.
Toda emoção tem bases orgânicas. É cultivando sua emoção no seu corpo que o ator recarrega sua densidade voltaica.
Saber antecipadamente os pontos do corpo que devem ser tocados é jogar o espectador em transes mágicos.
E é desse tipo precioso de ciência que a poesia no teatro há muito tempo se afastou.
Conhecer as localizações do corpo é, portanto, refazer a cadeia mágica.
E quero, com o hieróglifo de um sopro, reencontrar uma ideia de teatro sagrado.

A viagem ao México: MENSAGENS REVOLUCIONÁRIAS

O México é um lugar mítico para a literatura do século XX. País de contradições, de contrastes entre a civilização pré-colombiana, a colonização espanhola e o capitalismo moderno, atraiu, em diferentes momentos, além de Artaud, inúmeros grandes escritores: D.H. Lawrence, Aldous Huxley, B. Traven, Ambrose Bierce, Hart Crane, Malcolm Lowry, os surrealistas Benjamin Péret e André Breton, os beats William Burroughs e Jack Kerouac, entre outros – isso, para não falar do contingente de exilados da Espanha e de criadores em outros campos, como Buñuel.

Alguns encontraram lá uma iluminação, uma ampliação da percepção; outros, a morte.

A intenção declarada de Artaud é afastar-se da cultura europeia: *Eu vim para o México fugido da civilização europeia, produto de sete ou oito séculos de cultura burguesa, movido pelo ódio contra essa civilização e essa cultura. Esperava encontrar aqui uma forma vital de cultura e só encontrei o cadáver da cultura da Europa, do qual a própria Europa já começa a se desembaraçar.* Seu objetivo é libertar-se: *Não acredito na cultura dos livros, não acredito na cultura das coisas escritas pois encaro a vida como homem livre; livre, ou seja, que jamais se deixou acorrentar.* Ao buscar a retomada de contato com uma cultura mítica, Artaud tem plena consciência de estar fazendo um gesto político: *Vim ao México em busca de homens políticos, não de artistas. Até agora, fui um artista, ou seja, fui um homem conduzido. Não há dúvida que do ponto de vista social os artistas são escravos.*

Estas declarações fazem parte das *Mensagens revolucionárias,* coletânea de palestras e artigos produzidos durante a estada de Artaud no México, graças a uma bolsa obtida junto à embaixada desse país, completada por subscrições entre intelectuais e doações de amigos. Esse conjunto de textos só foi reunido em 1962 e muitos tiveram que ser retraduzidos do espanhol, pois o original francês se perdera. Um deles só foi redescoberto em 1975.

Surrealismo e revolução é a primeira de uma série de três palestras na Universidade do México e apresenta especial interesse pela diversidade de temas abordados. Temos o reexame do relacionamento de Artaud com o surrealismo (de volta do México ele voltaria a corresponder-se com Breton, o qual por coincidência lá estivera na mesma época para encontrar-se com Trotski e estabelecer novas alianças políticas). Além disso, é colocada a questão da rebelião contra o Pai, de uma forma que antecipa correntes modernas do pensamento psicanalítico, como muito bem mostra Kristeva, apoiando-se em Lacan: a revolta de Artaud contra o Pai é uma revolta contra o Superego e contra o discurso racional, pela liberação da corporeidade, da sexualidade e das forças do inconsciente. Temos também as referências a uma nova rebelião juvenil, fora dos quadros políticos tradicionais. Esta referência é profética, pois semelhante rebelião juvenil só viria a ocorrer trinta anos depois, sob forma de manifestação contracultural. Nas demais palestras e artigos da estada mexicana de Artaud estas questões são retomadas: ele fala do "naturalismo em plena magia" da cultura índia; da sua visão crítica do marxismo, para ele um produto da civilização ocidental; do teatro moderno francês, analisado à luz das suas concepções sobre o Teatro da Crueldade.

C.W.

Surrealismo e revolução
[palestra pronunciada no México – 1936]

Participei do movimento surrealista de 1924 a 1926 e o acompanhei na sua violência.

Falarei dele com o espírito que eu tinha naquela época; tentarei ressuscitar para vocês esse espírito que se pretendia blasfematório e sacrílego e que algumas vezes conseguiu sê-lo.

Mas, dizem vocês, esse espírito passou: ele pertence a 1926 e reagir a ele seria reagir nos termos de 1926.

O surrealismo nasceu de um desespero e de um nojo e nasceu nos bancos escolares.

Muito mais que movimento literário, foi uma revolta moral, o grito orgânico do homem, as patadas do ser que existe em nós contra toda coerção.

Em primeiro lugar, a coerção do Pai.

Todo o movimento surrealista foi uma revolta interior e profunda contra todas as formas do Pai, contra a preponderância invasora do Pai nos costumes e nas ideias.

Aqui está, a título puramente documental, o mais recente manifesto surrealista, que mostra a nova orientação política do movimento:

CONTRA-ATAQUE
A PÁTRIA E A FAMÍLIA

Domingo, dia 5 de janeiro de 1936, às 21 horas no Armazém des Augustins 7, rue des Grands Augustins (metrô Saint Michel)

CONTRA O ABANDONO DA POSIÇÃO REVOLU-CIONÁRIA MANIFESTAÇÃO DE PROTESTO

Um homem que aceita a pátria, um homem que luta pela família, é um homem que trai. Aquilo que ele trai para nós é uma razão para viver e lutar.

A pátria se ergue entre o homem e a riqueza da terra. Ela exige que os frutos do suor humano sejam transformados em canhões. Ela transforma o ser humano em traidor do seu semelhante.

A família é o fundamento da coerção social. A ausência de toda fraternidade entre pai e filho serviu de modelo a todas as relações sociais baseadas na autoridade e no desprezo dos patrões pelos seus semelhantes.

Pai, pátria, patrão, esta a trilogia que serve de base à velha sociedade patriarcal e, hoje em dia, à cachorrada fascista.

Os homens perdidos na angústia, abandonados a uma miséria e um extermínio cujas causas não conseguem entender, se rebelarão um dia, saturados. Então completarão a ruína da velha trilogia patriarcal: eles fundarão a sociedade fraterna *dos companheiros de trabalho, a sociedade do poderio da solidariedade humana.*[1]

---

1. O manifesto foi escrito por Georges Bataille e também subscrito por André Breton, Maurice Heine e Benjamin Péret. No entanto, representava o grupo *Contre-Attaque*, uma proposta de Bataille da qual os surrealistas logo em seguida se desligaram.

Pode-se ver neste manifesto como o surrealismo mantém, contra a recente orientação stalinista, os objetivos essenciais do marxismo, ou seja, todos os pontos virulentos pelos quais o marxismo toca o homem e procura atingi-lo nos seus segredos; e deve-se reconhecer nesta violência obstinada o velho estilo surrealista que só consegue existir exasperadamente.

Mas o mistério do surrealismo é como esta revolta; desde sua origem, aprofundou-se no inconsciente.

Foi uma mística oculta. Um ocultismo de um novo gênero que, como toda mística oculta, expressou-se alegoricamente por larvas que tomaram a aparência de poesia.

Tudo aquilo que tinha forma de reivindicação clara o surrealismo descartou, ou então não conseguiu incorporar.

Agitava-nos um terrível fervilhar de revolta contra todas as formas de opressão material ou espiritual, quando começou o surrealismo: Pai, Pátria, Religião, Família, nada havia contra que não invectivássemos... e não invectivássemos muito mais com nossas almas que com nossas palavras. Nesta revolta engajamos nossa alma e a engajamos *materialmente.* No entanto, semelhante revolta, que tudo atacava, era incapaz de destruir o que fosse, pelo menos na aparência. Pois o segredo do surrealismo é que ele ataca as coisas naquilo que têm de secreto.

Para religar-se ao segredo das coisas, o surrealismo tinha aberto um caminho. Assim como do Deus Desconhecido dos Mistérios Cabiros, do Ain-Sof, o vazio animado dos abismos na cabala, do Nada, do Vazio, do Não Ser devorador feito do nada dos antigos Brâmanes e Vedas, pode-se dizer do surrealismo aquilo que ele não é, mas para dizer o que é, torna-se necessário usar aproximações e imagens; por uma espécie de encarnação dirigida ao vazio, o espírito das antigas alegorias.

Há, é certo, elementos na poesia surrealista dos quais se consegue falar e que podem ser identificados. Mas os demais gêneros de poesia sempre nos levam a algum território, a algum país que não pode ser confundido com os outros. Com o surrealismo, pelo contrário, tem início o caminho da perda, a tal ponto que nunca podemos afirmar que sua poesia está lá onde a vemos.

O surrealismo tinha necessidade de sair para fora.

"Sair à luz do dia no primeiro capítulo", como fala do Duplo do Homem o *Livro dos mortos do Egito.*

E nós, surrealistas, tínhamos necessidade de sair, sempre impulsionados por um mortal movimento de insatisfação; daí a violência que não levava a lugar algum, mas que sempre manifestava, subterraneamente, alguma coisa: violência que a mania de explicar as coisas acabou chamando de *desmoralização.*

Recusa e Violência.

Violência e Recusa.

Esses dois polos significativos de um estado de espírito impossível, de uma misteriosa eletricidade, indicam o caráter anormal da poesia dessa época, que não era mais poesia no sentido dado à palavra, porém a emissão magnética de um sopro, uma estranha espécie de magia instalada entre nós.

Recusa. Recusa desesperada de viver que, no entanto, tem que aceitar a vida.

No surrealismo, o desespero esteve na ordem do dia e, com o desespero, o suicídio. Porém, à questão levantada no número 2 do *La Révolution Surrealiste:* O suicídio é uma solução? – não – responderam os surrealistas, por um unânime movimento do coração – o suicídio ainda é uma hipótese pois, segundo as palavras de Jouffroy: "No suicídio aquele que mata não é idêntico a quem é morto".

Todas as manifestações surrealistas participaram desse espírito suicida no qual não intervém o verdadeiro suicídio.

Destruição sobre destruição. Onde a poesia ataca as palavras, o inconsciente ataca as imagens, mas um espírito mais secreto ainda empenha-se em colar novamente os pedaços da estátua.

A ideia é estilhaçar o real, desorientar os sentidos, desmoralizar ao máximo as aparências, mas sempre com uma noção do concreto. Do seu obstinado massacre, o surrealismo sempre se empenha em extrair algo.

Pois, para ele, o inconsciente é físico e o Ilógico é o segredo de uma ordem na qual se expressa um segredo da vida.

Depois de ter estilhaçado os manequins, de ter tumultuado a paisagem, os refaz, porém de um modo que provoque gargalhadas, ou então que ressuscite este fundo de imagens terríveis que nadam no Inconsciente.

Isso significa que ele escarnece da razão, que retira dos sentidos as suas imagens para restituí-las ao seu sentido mais profundo.

Isso significa que os escritores da época pressentiram um conhecimento dos fundamentos ocultos do homem, perdido imemorialmente.

E o surrealismo liberou vida, descongestionou fisicamente a vida, permitiu que um filamento de preciosa eletricidade viesse animar as pedras, os sedimentos inanimados.

A vida desorganizada se reforma, reagindo à anarquia caótica imposta aos objetos que se veem.

O mundo surrealista é concreto, *concreto* para que não possam confundi-lo.

Tudo que é abstrato, tudo que não é inquietante pelo trágico ou pelo cômico, tudo que não manifesta um estado orgânico, que não é uma espécie de transpiração física da inquietação do espírito, não provém desse movimento. O surrealismo inventou a escrita automática, que é uma intoxicação do espírito. A mão, liberta do cérebro, vai onde a caneta a conduz; e, principalmente, um espantoso enfeitiçamento guia a caneta de forma a torná-la viva; tendo perdido todo contato com a lógica, esta mão, assim reconstruída, retoma o contato com o inconsciente.

Por esse milagre, é negada a estúpida contradição das escolas, entre espírito e matéria, entre matéria e espírito.

*

Toda vez que a vida é tocada, reage através do sonho e de fantasmas.

Isso significa que o Inconsciente geral foi sondado por alguma coisa. Ele devolve aquilo que conservava.

Quando uma mulher concebeu, sonha sem saber que concebeu. Quando um homem foi ferido, está para ficar doente, vai entrar em agonia, sonha. Ao lado dos sonhos do homem há sonhos de grupos e sonhos de nações.

Não sei quantos dentre nós, surrealistas, já sentimos que liberávamos, através dos nossos sonhos, uma espécie de ferida de grupo, uma ferida da vida.

Junto com a obsessão pelo sonho, em face do ódio pela realidade, o surrealismo teve uma obsessão de nobreza, uma ideia fixa de pureza.

O mais puro, o mais desesperado entre nós, dizia-se frequentemente deste ou daquele surrealista. Para nós, só era puro quem fosse desesperado.

Pouco importa que este fogo de pureza tenha-se limitado a consumir-se. Queríamos, sinceramente, ser puros. E semelhante pureza foi procurada em todos os planos possíveis: do amor, do espírito, da sexualidade.

*

"O pai" – diz Saint-Yves d'Alveydre, nas *Chaves do Oriente* – "o pai, é preciso dizê-lo, é destruidor."

Um espírito desesperado de rigor que, para pensar, coloca-se no plano superelevado da natureza, sente o Pai como inimigo. O Mito de Tântalo, o da Megera, o de Atreu contêm, em termos fabulosos, esse segredo, essa espécie de verdade desumana a cuja acomodação os homens dedicam sua busca.

O movimento natural do Pai contra o Filho, contra a Família, é de ódio; um ódio que a filosofia chinesa não distingue do amor.

E cada pai em particular, no seu íntimo, tenta acomodar-se a esta verdade.

Vivi até os vinte e sete anos com o ódio obscuro do Pai, do meu pai particular. Até o dia em que o vi falecer. Então o rigor desumano, com o qual eu o acusava de oprimir-me, cedeu. Outro ser saiu daquele corpo. E, pela primeira vez na vida, esse pai me estendeu a mão. E eu, que me sinto incomodado pelo meu corpo, compreendi que toda a sua vida ele fora incomodado pelo seu corpo e que há uma mentira do ser contra a qual nascemos para protestar.

*

No dia 10 de dezembro de 1926, às 9 da noite, no café Profeta, em Paris, os surrealistas reúnem-se em congresso.

Tratava-se de saber o que, diante da revolução social que estrondeava, o surrealismo iria fazer do seu próprio movimento.

Para mim, dado o que já se sabia do comunismo marxista, ao qual pretendiam aderir, a questão nem se colocava.

Será que Artaud pouco se importa com a revolução?, perguntaram-me.

Pouco me importo com a de vocês, não com a minha – respondi, abandonando o surrealismo, pois o surrealismo também havia se transformado num partido.

Essa revolta pelo surrealismo, que a revolução surrealista pretendia, nada tinha a ver com uma revolução que pretende já conhecer o homem e o torna prisioneiro no quadro das suas mais grosseiras necessidades.

Os pontos de vista do surrealismo e do marxismo eram irreconciliáveis. E não demoraram muito para percebê-lo quando alguns surrealistas notórios se filiaram ao partido. Ou seja, à sucursal francesa da Terceira Internacional de Moscou.

Você é surrealista ou marxista? – perguntaram a André Breton, e se é marxista, para que precisa ser surrealista?

Em suma, tratava-se para o surrealismo de descer até o marxismo, mas teria sido bonito ver o marxismo tentar elevar-se até o surrealismo.

Em 1926, o antagonismo não podia resolver-se, pois a História ainda não havia caminhado o suficiente. Hoje, penso que a História caminhou e que há um fato novo na França. Esse fato é a aparição de uma ideia histórica na consciência da juventude, e esta ideia, que pretendo desenvolver, a chamaria de reconciliação da *Cultura* com o Destino. Na consciência desesperada da juventude nasceu uma nova ideia do homem. Ela não aceita a separação entre a vida do homem e a vida dos acontecimentos. Ela quer que penetremos na sensibilidade interior do Homem que joga, também, com os acontecimentos.

A nova juventude é anticapitalista e antiburguesa e, como o próprio Marx, sentiu o desequilíbrio de uma época na qual cresce a monstruosa personalidade dos Pais, baseada na terra e no dinheiro. Quando acusam Marx de querer suprimir a família: "A família" – responde ele – "mas vocês já a destruíram; onde estão suas antigas virtudes? Fora de toda virtude, só vejo matéria; e a matéria, eu a organizo técnica e coercitivamente". Pode-se dizer que, dos antigos valores do Homem, Marx organiza aquilo que a Burguesia deixou.

Mais que exaltação de uma realidade superior, o surrealismo era uma crítica dos fatos e do movimento da razão nos fatos.

Entre mim e o real, existimos eu e minha deformação pessoal dos fantasmas da realidade.

E a juventude, no seu eu atual, considera que Marx partiu de um fato, mas que ficou nesse fato sem chegar até a Natureza. Ele extraiu uma metafísica de um fato, mas não a elevou até uma metafísica da Natureza, e a juventude agora quer elevar-se até a natureza em vez de deixar-se abater pela parte econômica dos fatos.

Se a juventude é a favor de que se organize a matéria, também é a favor de que se organize simultaneamente o espírito.

A organização materialista de Lenin é considerada uma organização transitória e punitiva e ela acha que semelhante organização materialista e punitiva é aplicada por Lenin na Rússia com a devida crueldade. Mas, espírito-matéria, matéria-espírito, ela afirma a interdependência desses dois aspectos do seu ser. Pois ela come ao mesmo tempo que sente; e pensa ao mesmo tempo que come. Ela acusa a Europa moderna de inventar um antagonismo que não existe nos fatos. E, se condena Marx, o condena como europeu, pois esta juventude ama o Homem, mas o Homem total, para salvá-lo do Homem.

Nessa nova ideia de cultura há uma ideia contra o progresso. A ciência moderna nos ensina que nunca houve matéria e volta, quatrocentos anos depois, à velha concepção alquímica dos três princípios, o enxofre, o mercúrio e o sal, agora chamados energia, movimento e massa. Podemos dizer, portanto, que não havia necessidade de se falar em progresso.

E em tudo isso se manifesta uma ideia superior de cultura, mas para que uma tal cultura venha a bom termo, há ideias que devem ser destruídas, ideias que são ídolos, e se estamos decididos a derrubar os velhos ídolos, não é para fazer nascerem novos ídolos sob nossos pés.

Essa juventude não quer mais ser lograda e quando dizemos que os tempos mudaram e que hoje em dia um poeta ou um intelectual não podem mais ignorar seu tempo, ela responde que há erros a propósito dos intelectuais e do seu tempo.

A juventude não separa os intelectuais do seu tempo e os intelectuais não se separam do seu tempo e, assim como seu tempo, eles acham que o espírito não é uma coisa vazia e que a arte só tem valor por ser necessária. Mas para eles esta ideia de necessidade não significa prostituição da ação.

Há uma maneira de entrar no seu tempo sem se vender às potências do tempo, sem prostituir nossas forças de ação às palavras de ordem da propaganda: "guerra à guerra, frente única, frente unitária, frente comum, guerra ao fascismo, frente anti-imperialista, contra o fascismo e a guerra, luta de classes, classe por classe, classe contra classe etc. etc.".

Há ídolos de bestificação que só servem ao jargão da propaganda. A propaganda é a prostituição da ação e, para mim e para a juventude, os intelectuais que fazem literatura de propaganda são cadáveres condenados pela força da sua própria ação.

Um intelectual age sobre o indivíduo e sobre a massa e na sua ação há uma concepção cultural das forças do indivíduo. A juventude quer uma ideia da economia das forças do Homem sem sua ação sobre os indivíduos. Há uma técnica para liberar as forças do homem assim como na medicina chinesa existe uma técnica para curar o fígado, o baço, a medula ou os intestinos, tocando, em toda a extensão do corpo físico, pontos igualmente físicos porém distantes do fígado, do estômago, do baço ou dos intestinos.

Assim como o mundo tem uma geografia, também o homem interior tem sua geografia e esta é uma coisa material. Porém o materialismo dialético de Lenin teme essa maneira profunda de conhecer a geografia.

No entanto, uma cultura profunda não teme geografia alguma, mesmo que a exploração dos continentes desconhecidos do homem conduza à vertigem na qual se chega à imaterialidade da vida.

A verdadeira cultura ajuda a sondar a vida e a juventude, que quer restabelecer uma ideia universal de cultura, acha que há lugares predestinados para fazer jorrar as fontes da vida e por isso volta-se para o Tibet e o México. A cultura do Tibet só serve para aqueles que, no *Livro dos mortos do Egito*, são chamados de cadáveres, os Derrubados. Pelo contrário, a antiga cultura mexicana serve para fazer irromper o sentido interior, atravessando sua barreira. Ela produz ressuscitados.

Toda verdadeira cultura se apoia na raça e no sangue. O sangue índio do México guarda um antigo segredo da raça e, antes que a raça se perca, acho que deveriam pedir-lhe a força desse antigo segredo. Onde o México atual copia a Europa, para mim é a civilização da Europa que devia pedir a revelação de um segredo ao México. A cultura racionalista da Europa já faliu e eu vim à terra mexicana para procurar as bases de uma cultura mágica que ainda pode brotar das forças do solo índio.

Os taraumaras

A partir de 1936 Artaud passa a narrar sua viagem ao país dos taraumaras, refazendo essa narrativa até sua morte, em 1948, como se fosse um mesmo texto constantemente reexaminado e acrescido. A série começa com *A montanha dos signos,* escrito ainda no México, e *A dança do peiote,* imediatamente após sua volta a Paris. O último é *Tutuguri,* escrito em Rodez em 1943, novamente reescrito em 1946 e incorporado a *Para acabar com o julgamento de deus,* de 1947. O conjunto dos textos, inclusive cartas da época e cartas adicionais escritas durante seu confinamento em Rodez, foram publicados em livro, inicialmente em 1945 e depois, em versão ampliada, em 1947 em revistas e novamente em livro em 1955 (Editions L'Arbaléte), para serem incorporados ao vol. IX da *Obra completa* e também editados na coleção *Idées* (de bolso) em 1971. Os dois primeiros textos da série, escolhidos para a presente coletânea, dão um belo exemplo de narrativa poética de viagem e de antropologia participante, registrando a tentativa de viver outra cultura e não apenas observá-la. Em *A montanha dos signos* vemos novamente um exemplo da semiologia de Artaud: agora não são mais os produtos da cultura que formam um discurso, mas sim a própria natureza. Montanhas, pedras, abismos, tudo é linguagem e tem sentido. *A dança do peiote* é, sem dúvida, a melhor encenação de Teatro da Crueldade de que Artaud chegou a participar, o acontecimento mais próximo da sua noção de como devia ser um espetáculo teatral.

Nesse seu relato de viagem, bem como nos seus artigos e palestras do México, e também em textos anteriores, subjaz uma questão fundamental: a do colonialismo e da descolonização cultural. Lembremos que um dos projetos do Teatro da Crueldade era encenar *A conquista do México*; só que em vez de encená-la, Artaud foi vivê-la. A intenção, nos dois planos, da obra e da vida, era aliar-se à cultura dos dominados, a uma cultura subterrânea e reprimida, dotada de um elevado potencial subversivo. Trata-se, portanto, do mesmo processo relatado em *Heliogábalo*, que não era romano mas sírio e que tentou derrubar os deuses, a religião e a ideologia da metrópole, implantando as crenças e signos da sua terra natal, ou seja, de um povo dominado. Em vários níveis, temos sempre o mesmo confronto do dominado contra o dominador: os povos periféricos e colonizados contra a metrópole; o indivíduo contra o poder opressor do Pai, da sociedade patriarcal; o corpo, o lado sombrio da sexualidade, o inconsciente, os instintos, contra o cogito cartesiano (que Artaud acertadamente denuncia como produto da Roma imperial); a poesia transformada em realidade contra o discurso racional.

Esse projeto de Artaud é dialético: ele não era um conservador, não estava interessado na restauração de alguma cultura tradicional. Tanto na sua fascinação pelo hinduísmo, pela cabala, pelas práticas xamânicas, o que o interessa é o confronto com a nossa civilização, o efeito que tudo isso possa ter para alterar nossa percepção e nossa consciência. Os biógrafos de Artaud acham que sua ida ao México foi mais uma derrota, já que ele não conseguiu se livrar da sua dependência do ópio e foi obrigado a voltar à França. Na verdade, ele não podia ter feito outra coisa. Participando de um ritual de iniciação xamânica, o passo seguinte necessariamente seria trazer de volta os resultados dessa iniciação para a cultura europeia, como forma de perturbá-la e questioná-la. Foi o que ele fez, passando a comportar-se como iniciado e profeta e não mais como escritor ou intelectual europeu: carregava o tempo todo seus dois amuletos, a espada com gravações que ganhara de um feiticeiro em Cuba e a bengala entalhada de São Patrício que recebera de um amigo, passando a publicar seus textos seguintes, a primeira edição da *Voyage ao Pays des Tarahumaras* e o cabalístico *Les Nouvelles Revelations de L'Être* sob pseudônimo, assim como boa parte da sua correspondência da época, como se ele não fosse mais o autor mas apenas o mero porta-voz de mensagens apocalípticas. Loucura ou dramatização das suas ideias? Está aí uma questão que não pode ser colocada, que é falsa sob a ótica artausiana. Pouco importa se o delírio místico de Artaud era a manifestação de um quadro clínico ou uma escolha consciente. Para o próprio Artaud, a diferença entre sintoma e ato consciente é inaceitável, já que ele queria, justamente, abolir e transpor a barreira entre a razão e o inconsciente.

C.W.

A montanha dos signos

O país dos taraumaras é cheio de signos, formas, efígies naturais que não parecem nascidas do acaso, como se os deuses, cuja presença aqui é notada o tempo todo, quisessem fazer seus poderes significar por meio dessas estranhas assinaturas nas quais a figura do homem é perseguida por todos os meios.

Certo, não faltam lugares nos quais a Natureza, movida por uma espécie de capricho inteligente, esculpiu formas humanas. Mas aqui o caso é diferente, pois foi sobre toda *a extensão geográfica de uma raça* que a Natureza *quis falar*.

O mais estranho é como aqueles que passam por aqui, parecendo atacados por uma paralisia inconsciente, fecham seus sentidos e ignoram tudo isso. Que a Natureza, por um estranho capricho, mostre repentinamente o corpo de um homem sendo torturado sobre o rochedo, pode-se achar inicialmente que é um capricho e que semelhante capricho nada significa. Mas quando, após dias e dias a cavalo, o mesmo encantamento inteligente se repete *e a Natureza, obstinadamente, manifesta a mesma ideia;* quando voltam as mesmas patéticas formas; quando cabeças de deuses conhecidos aparecem nos rochedos e delas emana um tema de morte, tema ao qual o homem terá que prestar tributo – e ao vulto desmembrado de um homem respondem outros *tornados menos obscuros*, mais desprendidos da matéria petrificante, dos deuses que sempre o torturaram –; quando toda uma região da terra desenvolve uma filosofia paralela à dos homens; quando se sabe que a linguagem de sinais utilizada pelos primeiros homens agora se encontra formidavelmente ampliada sobre os rochedos; então certamente não se pode achar que se trata apenas de um capricho e que tal capricho nada significa.

Se a maior parte da raça taraumara é autóctone e se, como eles pretendem, caíram do céu na Sierra, então pode-se afirmar que caíram numa *Natureza já preparada*. E que esta natureza quis pensar como se fosse humana. Assim como fez *evoluírem* homens, também fez *evoluírem* rochedos.

O homem nu e torturado, vi-o pregado num rochedo, as formas acima dele volatilizadas pelo sol; mas, não sei por qual milagre ótico, o homem na parte de baixo permanecia inteiro, mesmo estando sob a mesma luz.

Não saberia dizer quem estava enfeitiçado, se a montanha ou eu, porém milagres óticos análogos, eu os vi durante o périplo pela montanha, aparecendo pelo menos uma vez por dia, todos os dias.

Pode ser que eu tenha nascido com um corpo atormentado, ilusório como a imensa montanha; mas é um corpo cujas obsessões servem para alguma coisa; e percebi, na montanha, para que serve *a obsessão de contar*. Não houve sombra que eu deixasse de contar ao vê-la dando voltas ao redor de alguma coisa; e muitas vezes foi somando sombras que cheguei até estranhos lugares.

Vi, na montanha, um homem nu debruçado numa grande janela. Sua cabeça era apenas um buraco, uma espécie de cavidade circular na qual, conforme a hora, aparecia o sol ou a lua. Seu braço direito estendia-se como uma barra, o esquerdo também era uma barra, mas mergulhado em sombras e dobrado.

Era possível contar suas costelas, sete de cada lado. No lugar do umbigo brilhava um triângulo luminoso, feito de quê? Não saberia dizer. Como se a natureza tivesse escolhido esta parte da montanha para expor seus minerais enterrados.

Ora, embora a cabeça fosse vazia, o recorte da rocha ao seu redor dava-lhe uma expressão precisa que a luz de cada hora tornava mais sutil.

Esse braço direito estendido para a frente, delimitado por um raio de luz, não indicava uma direção qualquer... E eu procurei o que ele apontava!

Ainda não era meio-dia quando me deparei com a visão; estava a cavalo e avançava rapidamente. Mesmo assim, foi possível perceber que não estava diante de formas esculpidas, mas sim de um jogo determinado de luzes que *se acrescentava* ao relevo dos rochedos.

A figura era conhecida pelos índios; pareceu-me, pela sua composição, pela sua estrutura, obedecer ao mesmo princípio ao qual toda essa montanha truncada obedecia. Na linha do seu braço havia um povoado rodeado por uma cintura de rochedos.

E vi que todos os rochedos tinham a forma de um peito feminino com os seios perfeitamente desenhados.

Vi repetir-se oito vezes o mesmo rochedo que dirigia duas sombras para o chão; vi duas vezes a mesma cabeça de animal carregando nas presas sua efígie e devorando-a; vi, dominando o povoado, uma espécie de enorme dente fálico com três pedras no cume e quatro buracos na face externa; e vi, desde o começo, todas essas formas passarem aos poucos para a realidade.

Tinha a impressão de ler em todo lugar uma história de parto na guerra, uma história de gênese e caos, com todos esses corpos de deuses talhados como homens e essas estátuas humanas truncadas. Nenhuma forma intacta, nenhum corpo que não parecesse saído de um massacre recente, nenhum grupo onde eu não lesse o combate que o dividia.

Descobri homens afogados, semidevorados pela pedra e, nos rochedos de cima, outros homens que lutavam para afundá-los.

Na cabala existe uma música dos números e esta música, que reduz o caos material a seus princípios, explica, por uma espécie de matemática grandiosa, como a natureza se organiza e dirige o nascimento das formas retiradas ao caos. E tudo que eu via parecia obedecer a uma cifra. As estátuas, as formas, as sombras sempre davam um número 3, 4, 7, 8 que voltava. Os bustos de mulheres truncadas eram em número de 8; o dente fálico, já disse, tinha três pedras e quatro furos; as formas volatilizadas eram 12 etc. Repito: podem dizer que essas formas são naturais; mas sua repetição, esta não é natural. Menos natural ainda é como essas formas da sua terra são repetidas pelos taraumaras nos seus ritos e danças. E tais danças não nascem do acaso, mas obedecem à mesma matemática secreta, à mesma preocupação com o jogo sutil dos números ao qual obedece a Sierra toda.

Ora, essa Sierra habitada e que exala um pensamento metafísico, os taraumaras a semearam de signos, signos perfeitamente conscientes, inteligentes e determinados.

Em todas as curvas do caminho, veem-se árvores *voluntariamente queimadas* em forma de cruz ou de seres e, frequentemente, tais seres são duplos e estão frente à frente, como para manifestar a dualidade essencial das coisas; e essa dualidade, a vi reduzida a seu princípio por um signo em forma de ⌇ encerrado num círculo que me pareceu marcado a ferro em brasa sobre um grande pinheiro; outras árvores carregavam lanças, trevos, folhas de acanto rodeadas de cruzes; aqui e ali, em lugares estreitos, apertados corredores de rocha nos quais linhas de cruzes egípcias com braçadeiras desdobravam-se em teorias; e as portas das casas taraumaras exibiam o signo do mundo dos Maias: dois triângulos opostos com as pontas ligadas por uma barra; e essa barra é a Árvore da Vida que passa pelo centro da Realidade.

Assim, caminhando através da montanha, essas lanças, cruzes, trevos, corações folhudos, cruzes compostas, triângulos, seres que se defrontam e que se opõem para assinalar a guerra eterna, sua divisão, sua dualidade, despertam em mim estranhas lembranças. Lembro-me imediatamente que houve, na História, seitas que incrustaram esses mesmos signos nos rochedos; cujos homens usavam esses signos, esculpidos em jade, batidos no ferro ou cinzelados. E ponho-me a pensar que esse simbolismo dissimula uma Ciência. E me parece estranho que o primitivo povo dos taraumaras, cujos ritos e cujo pensamento são mais antigos que o Dilúvio, já possuísse uma tal Ciência, muito antes do aparecimento da lenda do Graal, muito antes da formação da Seita dos Rosa-cruzes.

A dança do peiote

A possessão física continuava aí. Esse cataclismo que era meu corpo... Após vinte e oito dias de espera, ainda não tinha voltado a mim – ou melhor dizendo, *saído* até mim. Até mim, esta montagem deslocada, esse pedaço de geologia avariada.

Inerte como a terra com suas rochas – e todas essas fendas que correm pelos estratos sedimentares empilhados. Quebradiço, é claro, eu estava, não em certos lugares mas por completo. Desde meu primeiro contato com essa terrível montanha que certamente levantou barreiras contra mim para impedir-me de entrar. E o sobrenatural, depois que estive lá, não me parece mais ser uma coisa tão extraordinária a ponto de eu não poder dizer, no sentido literal do termo, que fui *enfeitiçado*.

Dar um passo não era mais dar um passo; era, para mim, sentir *onde* levava minha cabeça. É possível compreender isso? Membros que me obedecem um depois do outro, que avançam um depois do outro; e a posição vertical sobre a terra, que é preciso manter. Pois a cabeça, transbordando de ondas, sem conseguir dominar seus vagalhões, a cabeça sente todos os vagalhões da terra debaixo dela, enlouquecendo-a e impedindo-a de permanecer ereta.

Vinte e oito dias dessa possessão pesada, desse montão de órgãos desarrumados que era eu, aos quais tinha a impressão de assistir como se fosse uma imensa paisagem de gelo a ponto de deslocar-se.

A possessão continuava, tão terrível que para ir da casa do índio até uma árvore a alguns passos de distância era preciso mais que coragem, era preciso apelar para reservas de uma vontade verdadeiramente *desesperada*. E ter chegado tão longe, encontrar-me finalmente no limiar de um encontro e neste lugar do qual esperava tantas revelações e sentir-me perdido, tão deserto, tão *deposto*. Tivesse eu jamais conhecido o prazer, tivesse eu jamais tido sobre a terra sensação alguma que não fosse a angústia e o desespero irremediável; então não estaria num estado diferente dessa dor fissurante que me perseguia todas as noites. Houvesse para mim qualquer outra coisa que não estivesse na soleira da agonia e seria possível encontrar ao menos um corpo, um só corpo humano que escapasse à minha crucificação perpétua.

Precisava, é claro, de vontade para acreditar que algo fosse acontecer. E tudo isso, por quê? Por uma dança. Por um rito de índios perdidos que nem sabem mais quem são e de onde vêm e que, quando interrogados, nos respondem com histórias cuja ligação e cujo segredo já perderam.

Depois de fadigas tão cruéis que, repito, é-me impossível deixar de acreditar que não tinha sido enfeitiçado, que as barreiras de desagregação e cataclismo que senti erguerem-se em mim não tenham sido resultado de uma premeditação inteligente e calculada, consegui chegar a um dos últimos lugares da terra onde a dança da cura pelo peiote ainda existe e, mais ainda, lá onde foi inventada. Mas que foi isso? Que falso pressentimento, que intuição ilusória e fabricada fazendo-me esperar uma liberação qualquer para meu corpo e também – e principalmente – uma força, uma iluminação em toda a amplidão da minha paisagem interna a qual sentia nesse preciso instante como fora de qualquer dimensão?

Faz vinte e oito dias que semelhante suplício inexplicável começou. Faz doze dias que me encontro nesse canto isolado do mundo, na clausura da imensa montanha, esperando a boa vontade dos meus feiticeiros,

Por que toda vez que sentia estar tocando uma etapa capital da minha existência, como nesse instante, não chegava lá como um ser completo? Por que essa terrível sensação de perda, de falta a ser preenchida, de evento frustrado? Sim, verei os feiticeiros executando seu rito – mas em que esse rito me beneficiará? Eu os verei. Receberei a recompensa por minha paciência que nada, até agora, conseguiu fazer esmorecer. Nada; nem o caminho terrível, nem a viagem com um corpo consciente porém desacordado, que foi preciso arrastar, que foi preciso quase matar para impedir que se rebelasse; nem a natureza com suas bruscas tempestades rodeando-nos com seus novelos de trovoada; nem a noite atravessada por espasmos quando vi em sonhos um jovem índio coçando-se num frenesi hostil exatamente nos lugares percorridos por espasmos – e dizia, ele que mal me conhecia desde a véspera: "Ah, quero que todo o mal lhe aconteça".

O peiote, já o sabia, não fora feito para os brancos. Tentavam impedir-me a todo custo de chegar à cura através desse rito instituído para atingir a própria natureza dos espíritos. E um branco, para esses índios, é um homem que abandonou os espíritos. Sendo eu o beneficiário dos ritos, isso seria uma perda para eles, com seu inteligente camuflar do espírito.

Uma perda para os espíritos; outros tantos espíritos que não chegariam a se beneficiar.

Além disso há a questão do *Tesguino*, o álcool que leva oito dias sendo macerado nas jarras – e não há tantas jarras, tantos braços preparados para pilar o milho.

Bebido o álcool, os feiticeiros do peiote ficam imprestáveis e se torna necessária uma nova preparação. Aconteceu que um homem da tribo acabara de morrer quando cheguei ao povoado e importava que os ritos, os sacerdotes, o álcool, as cruzes, os espelhos, os raladores, as jarras e toda essa extraordinária tralha para a dança do peiote fosse utilizada em benefício do morto. Pois, morto, seu espírito precisava que os maus espíritos fossem imediatamente afastados.

E depois de vinte e oito dias de espera ainda tive que suportar, durante uma prolongada semana, uma inverossímil comédia. Havia por toda a montanha uma desatinada movimentação de mensageiros sendo enviados aos feiticeiros. Mas assim que os mensageiros partiam, apareciam os feiticeiros em pessoa, espantando-se por nada estar pronto. E eu descobria que estavam brincando comigo.

"Os do *Ciguri* (dança do peiote) não bons", diziam-me. "Não servem. Tome esses." E me empurravam velhos que imediatamente se partiam em dois, enquanto seus amuletos tilintavam estranhamente. E vi que estava diante de mágicos e não de feiticeiros. Fiquei sabendo depois que os falsos sacerdotes eram íntimos amigos do morto.

Até que um dia a agitação se acalmou, sem gritos, sem debates, sem novas promessas dirigidas a mim. Como se tudo isso fizesse parte do rito e a brincadeira tivesse durado o bastante.

Afinal, eu não viera a esse fundo de montanha dos índios taraumaras para buscar lembranças e pinturas. Já sofrera o bastante, parece-me, para ganhar em troca um pouco de realidade.

E assim, à medida que o sol se punha, uma visão foi se impondo aos meus olhos.

Tinha diante de mim a Natividade de Hyeronimus Bosch, disposta em ordem e orientada, com o velho alpendre, as tábuas deslocadas diante do estábulo, a luz do Infante brilhando à esquerda entre os animais, as granjas espalhadas, os pastores; no primeiro plano, animais balindo; à direita, os reis-dançarinos. Os reis, com suas coroas de espelhos na cabeça e seus mantos retangulares de púrpura nas costas, à minha direita na cena, como os reis magos do quadro de Bosch. E, repentinamente, quando me virei, duvidando até o último momento que meus feiticeiros aparecessem, eu os vi descendo a montanha, apoiados em compridos bastões, as mulheres com grandes cestos, servos armados de feixes de cruzes como árvores, espelhos brilhando como nesgas de céu no meio daquele aparato de cruzes, chuços, pás, troncos de árvores desbastadas. E essa gente dobrava-se toda sob o peso de um insólito aparelhamento, as mulheres dos feiticeiros, assim como seus homens, apoiados em enormes bastões que os ultrapassavam de uma cabeça.

Fogueiras cresciam na direção do céu. Embaixo, as danças já haviam começado; diante dessa beleza finalmente concretizada, dessa beleza de imagens fulgurantes como vozes num subterrâneo iluminado, senti que meus esforços não haviam sido vãos.

Lá em cima, no alto das montanhas cujas escarpas desciam na direção dos povoados como degraus, haviam traçado um círculo de terra. Já as mulheres, ajoelhadas diante dos seus *metates* (tigelas de pedra), debulhavam o peiote com uma espécie de brutalidade escrupulosa. Os oficiantes se puseram a pisotear o círculo. Pisotearam rigorosamente e em todas as direções; e acenderam uma fogueira que o vento aspirava para cima em turbilhões.

Durante o dia, tinham matado dois cabritos. E agora os via sobre um tronco desbastado de árvore, cortado em forma de cruz, os pulmões e o coração dos animais tremendo ao vento noturno.

Havia um outro tronco desbastado de árvore ao lado, o fogo aceso no meio do círculo provocando inumeráveis reflexos, qualquer coisa como um incêndio visto por vidros grossos e empilhados. Cheguei perto para ver o que era e distingui um incrível emaranhado de sininhos, alguns de prata, outros de chifre, presos em correias de couro, esperando o momento de começar o culto.

Plantaram dez cruzes, de tamanho desigual, do lado que nasce o sol – todas simetricamente enfileiradas; prenderam um espelho em cada cruz.

Os vinte e oito dias de uma horrível espera, depois da perigosa supressão da droga, finalmente culminavam num círculo povoado de Seres, aqui representados por dez cruzes.

Dez, em número de dez, como os Mestres invisíveis do peiote na Sierra.

E entre esses dez: o Princípio Masculino da Natureza, chamado pelos índios de *San Ignacio,* e sua fêmea *San Nicolas*!

Em volta do círculo uma zona moralmente deserta onde nenhum índio se aventuraria: contam que nesse círculo até mesmo os pássaros extraviados caem e as mulheres grávidas sentem seus embriões se decomporem.

No círculo dessa dança existe uma história do mundo, encerrada entre dois sóis, o que desce e o que sobe. E é na descida do sol que os feiticeiros entram no círculo e o dançarino dos seiscentos sininhos (trezentos de chifre e trezentos de prata) solta seu grito de coiote na floresta.

O dançarino entra e sai e, no entanto, não deixa o círculo. Ele avança deliberadamente para o mal, mergulha nele com uma espécie de horrenda coragem, num ritmo que parece representar a Doença, mais que a dança. E tem-se a impressão de vê-lo subitamente emergir e desaparecer, num movimento que evoca não sei que obscuras tantalizações. Ele entra e sai: *"Sair para o dia, no primeiro capítulo",* como diz do Duplo do Homem o *Livro dos mortos do Egito.* Pois esse avanço na doença é uma viagem, *uma descida* PARA SAIR DE NOVO NO DIA. – Ele dá voltas no sentido da suástica, sempre da direita para a esquerda e pelo alto.

Ele pula com seu exército de campainhas, como uma aglomeração de abelhas enlouquecidas e aglutinadas numa crepitante e tempestuosa desordem.

Dez cruzes no círculo e *dez* espelhos. *Uma* viga com três feiticeiros nela. *Quatro* coadjuvantes *(dois* homens e *duas* mulheres). O dançarino epilético e *eu,* para quem estava sendo feito o rito.

Ao pé de cada feiticeiro *um* buraco em cujo fundo o Masculino e o Feminino da Natureza, representados pelas raízes hermafroditas do peiote (sabe-se que o peiote tem forma de sexo de homem e de mulher, misturados), dormem na matéria, ou seja, no Concreto.

E o buraco, com um vasilhame de madeira ou barro emborcado nele, representa bastante bem o Globo do Mundo. Sobre a vasilha, os feiticeiros ralam a mistura ou deslocamento dos dois princípios, e o ralam no abstrato, ou seja, no seu Princípio. Enquanto isso, os dois princípios encarnados repousam na matéria, ou seja, no Concreto.

E é durante a noite toda que os feiticeiros restabelecem as ligações perdidas, com gestos triangulares que cortam estranhamente as perspectivas do ar.

Entre os *dois* sóis, *doze* tempos em *doze* fases. E a marcha ao redor de tudo que se remexe ao redor do fogaréu, nos limites sagrados do círculo: o dançarino, os raladores, os feiticeiros.

Entre cada fase, os dançarinos oferecem a prova física do rito, da eficácia da operação. Hieráticos, rituais, sacerdotais, lá estão eles alinhados sobre sua viga, embalando seus raladores como bebês. De qual ideia perdida de etiqueta vêm o sentido dessas inclinações, dessas medidas, dessa caminhada em círculos na qual se contam os passos e todos se persignam diante do fogo, saudando-se mutuamente e saindo?

Então eles se levantam, procedem às mesuras que descrevi, uns como se estivessem montados em andaimes, outros como autômatos truncados. Eles atravessam o círculo. Mas eis que, ultrapassado o círculo, um metro além dele, esses sacerdotes, que andam entre dois sóis, repentinamente se transformam em homens, ou seja, organismos abjetos que devem ser lavados, pois o rito é feito para lavá-los. Comportam--se como fosseiros, esses sacerdotes, como uma espécie de trabalhadores das trevas criados para mijar e cagar. Eles mijam, peidam e cagam com um extraordinário tonitruar; e se acredita, ao escutá-los, que estejam tentando nivelar a verdadeira trovoada, reduzindo-a *à sua necessidade* de abjeção.

Dos três feiticeiros que lá estavam, dois deles, os dois maiores e mais baixos, tinham ganhado havia três anos o direito de manejar o ralador (pois o direito de manejar o ralador é adquirido e é nesse direito que repousa toda a nobreza da casta dos feiticeiros do peiote entre os índios taraumaras); e o terceiro, havia dez anos. E o mais velho no rito, devo dizer, era quem mijava melhor e peidava com mais ênfase e força.

E foi ele que, orgulhoso por essa espécie de purgação grosseira, logo em seguida se pôs a escarrar. Ele cuspiu após ter tomado o peiote, assim como todos nós. Pois encerradas as doze fases da dança, como a aurora ia despontar, passaram-nos o peiote ralado que parecia uma espécie de calda lamacenta e à nossa frente foram cavados novos buracos para receber nossos escarros, das nossas bocas tornadas sagradas pela passagem do peiote.

"Cospe", disse-me o dançarino, "o mais fundo na terra que puder, pois nenhuma parcela do Ciguri jamais poderá emergir."

E o feiticeiro, mais envelhecido ainda sob seus paramentos, foi quem cuspiu mais abundantemente, com os escarros mais compactos e grossos. E os demais feiticeiros, bem como os dançarinos, em círculo ao redor do buraco, vieram admirá-lo.

Depois de cuspir, caí de sono. O dançarino à minha frente não parava de passar e repassar, dando voltas e gritando *por ostentação,* pois havia descoberto que seu grito me agradava.

"Levante-se, homem, levante-se", gritava a cada volta, sempre mais inútil, que ele dava.

Desperto e titubeante, fui levado até as cruzes para a cura final quando os feiticeiros fazem o ralador vibrar sobre a cabeça do paciente.

Tomei parte, então, no rito da água, das pancadas na cabeça, dessa espécie de cura mútua entre os participantes e das abluções desmedidas.

Eles pronunciaram estranhas palavras em cima de mim e me aspergiram com água; depois se aspergiram uns aos outros, nervosamente, pois a mistura de álcool de milho e peiote começava a enlouquecê-los.

E foi com esses derradeiros passos que a dança do peiote se encerrou.

A dança do peiote está no ralador, nessa madeira impregnada de tempo que conserva os sais secretos da terra. É nessa vareta estendida e recolhida que repousa a ação curativa do rito, tão complexo, tão recuado no tempo, que é preciso rastreá-lo como a um animal na floresta.

Parece que existe um lugar na alta Sierra mexicana onde esses raladores abundam. Lá eles dormem, esperando que o Homem Predestinado os descubra e os faça *sair à luz do dia.*

Cada bruxo taraumara, ao morrer, deixa seu ralador com uma dor maior que seu próprio corpo; seus descendentes, sua família, o levam embora e o enterram num rincão sagrado da floresta.

Quando um índio taraumara sente o chamado para manejar o ralador e distribuir a cura, faz retiros durante três anos consecutivos, de uma semana cada, na época da Páscoa.

É lá, dizem, que o Senhor Invisível do peiote fala com ele, junto com seus nove assistentes, e lhe passa o segredo. E então ele volta com o ralador devidamente preparado.

Talhado numa madeira de terras quentes, cinzento como minério de ferro, todo gravado, com signos nas extremidades: quatro triângulos com um ponto para o Macho-Princípio e dois pontos para a Fêmea da Natureza, divinizada.

O número de entalhes gravados é o mesmo do número de anos que o feiticeiro tinha ao adquirir o direito de ralar e aplicar os exorcismos que afastam os Elementos.

E esse é o aspecto dessa tradição misteriosa que ainda não consegui entender. Pois os feiticeiros do peiote parecem ter efetivamente ganho alguma coisa ao término dos seus três anos de retiro na floresta.

Há um mistério até hoje ciosamente guardado pelos feiticeiros taraumaras. O que eles ganharam a mais, o que eles, por assim dizer, *recuperaram* são coisas das quais o índio taraumara estranho à aristocracia da seita não tem a mínima ideia. E os próprios feiticeiros permanecem decididamente mudos a respeito desse assunto.

Qual palavra singular, qual palavra perdida lhes é passada pelo Senhor do peiote? Por que três anos para aprender a mexer com o ralador, com o qual os feiticeiros efetuam, convém assinalar, *curiosas auscultações?*

O que arrancaram eles da floresta, o que a floresta *lhes passa tão lentamente?*

O que, enfim, lhes foi transmitido sem estar contido no aparato exterior do rito, sem ser explicável pelos gritos penetrantes do dançarino, nem pela dança que vai e volta como uma espécie de pêndulo epilético, nem pelo círculo, pela fogueira, pelas cruzes com seus espelhos onde as cabeças deformadas dos feiticeiros alternadamente se incham e desaparecem entre as chamas da fogueira, nem pelo vento da noite que fala e sopra nos espelhos, nem pelo canto dos feiticeiros que embalam seu ralador, canto esse extraordinariamente vulnerável e íntimo?

Eles me haviam deitado no chão, ao pé da enorme viga na qual sentavam-se os feiticeiros entre uma dança e outra.

Deitado no chão, para que o rito baixasse em mim, para que o fogo, os cantares, os gritos, a dança e a própria noite, como uma abóbada animada e humana, dessem voltas ao meu redor como se estivessem vivos. Havia pois uma cúpula giratória, uma organização física de gritos, tons, passos, cantos. E por cima de tudo a impressão, que vinha e voltava outra vez, de que por trás disso tudo e acima de tudo dissimulava-se ainda outra coisa: o *Principal*.

Ainda não renunciei de todo a essas perigosas dissociações provocadas pelo peiote, que faz vinte anos procurava por outros meios; não subi a cavalo com meu corpo arrancado a si próprio, privado dos seus reflexos essenciais pela suspensão da droga; não fui esse homem de pedra que precisava de mais dois homens para torná-lo um homem montado no cavalo; e que era montado e desmontado como um autômato desamparado – e a cavalo punham minhas mãos nas rédeas e era preciso cerrar meus dedos em volta das rédeas, pois era tão evidente que eu tinha perdido minha liberdade; não venci pela força do meu espírito a invencível hostilidade orgânica onde era *eu* quem não queria mais andar, apenas para trazer de volta uma coleção de imagens caducadas, das quais a Época, fiel nisso a todo um sistema, extrairia apenas ideias para cartazes e para os modelos dos seus costureiros. Era preciso doravante que qualquer coisa de fugidio por trás dessa pesada trituração, que equipara a aurora à noite, que essa coisa qualquer fosse extraída para fora e que *servisse*, que servisse justamente pela *minha crucificação*.

Sabia que meu destino físico estaria irremediavelmente ligado a isso. Estava preparado para todas as queimaduras, esperava os primeiros frutos da queimadura com vistas a uma combustão logo generalizada.

Cartas de Rodez

Em 1939, Artaud é removido para Ville-Évrard, manicômio para doentes tidos como irrecuperáveis, e confinado no setor de drogados. Seu cabelo é raspado e suas condições de saúde pioram consideravelmente durante os quatro anos que permanece nessa instituição. Suas cartas do período são gritos desesperados de socorro para que o tirem dali ou então lhe tragam um pouco de heroína: *Este mundo não é mais viável, pois está completamente contaminado. [...] Os tormentos que estou passando aqui são demoníacos [...] Acredite-me, a situação aqui é gravíssima. Nunca esteve tão grave desde o começo do mundo e a queda original no Pecado. [...] Você deve achar heroína a qualquer preço e você tem que arriscar a vida para trazê-la até aqui. É assim que as coisas estão agora. Os Iniciados possuem verdadeiros instrumentos de tortura, como já lhe contei, e toda noite eles os usam para me mutilarem à distância enquanto durmo, cada noite um pouco mais* (trechos das cartas a Génica Athanasiou). Parece que na França ocupada a alimentação dos internos em manicômios era uma das últimas prioridades. Quando amigos de Artaud, principalmente Robert Desnos e Paul Éluard, conseguem transferi-lo para Rodez, ele está mal, física e psiquicamente: emagrecido, envelhecido, sem conseguir falar, aparentemente sem qualquer contato com a realidade. O dr. Gaston Ferdiére incentiva-o a voltar a escrever. Sua produção no período é torrencial: as *Cartas de Rodez* dão vários volumes: as cartas a Henri Parisot (no vol.

IX da Obra completa), as *Cartas de Rodez* que constituem os volumes X e XI da Obra completa (intitulado *Lettres Écrites de Rodez)*, mais um volume adicional da sua correspondência com Ferdiére *(Nouvelles Lettres de Rodez)* e cartas e apontamentos esparsos, alguns dos quais inéditos até hoje.

Escolhemos para a presente edição três das cartas a Henri Parisot, editor da *Voyage au Pays des Tarahumaras*. Dessas cartas a Parisot, algumas foram incluídas na edição dos *Taraumaras;* outras foram reunidas em volume à parte, num pequeno opúsculo publicado em 1946, o qual circulou no meio da intelectualidade francesa e contribuiu para a mobilização pró-Artaud.

Há vários motivos que justificam a escolha das cartas a Parisot, dentro da volumosa produção do período. Em primeiro lugar, são cartas às quais os ensaístas e biógrafos de Artaud dedicaram particular atenção. Por exemplo, a enumeração das "filhas" de Artaud (um arrolamento que inclui desde sua avó até mulheres com as quais teve relacionamentos amorosos e outras com as quais apenas cruzou fortuitamente) é, para Julia Kristeva, um exemplo da visão romântica do relacionamento com mulheres, algo como projeções de um lado feminino do próprio Artaud. As críticas anti-Lewis Carroll são citadas por Durozoi e outros (ver p. ex. o n. 17 de *Oblique,* dedicado a Artaud), pela precisão com que expressam sua concepção de criação literária.

Deve-se destacar também a autenticidade dessas cartas. Com efeito, durante seu internamento em Ville-Évrard e Rodez, Artaud estava aparentemente acometido de um delírio místico: ele propunha-se resgatar o verdadeiro Cristo, representado pelo peiote, pois aquele que morrera na cruz nada mais era que um impostor. Num dado momento, afirma que ele, Artaud, vivera na Judeia no começo da nossa era e fora o verdadeiro Cristo. Numa das cartas a Parisot, Artaud nega qualquer conversão ao cristianismo. Por outro lado, em carta a Ferdiére, afirma que não acredita mais em enfeitiçamentos, que percebia muito bem que aquilo tudo era produto da sua imaginação. No entanto, logo a seguir, nas cartas a Parisot, retoma a história do enfeitiçamento e a sua visão mágica e conspiratória da História. Essas aparentes contradições mostram, a meu ver, apenas o seguinte: que Artaud, ansioso por sair de Rodez e, principalmente, para não tomar mais eletrochoques, *blefava* com Ferdiére, aparentando assumir sua ideologia e seu critério de normalidade. Portanto, como Ferdiére e outros psiquiatras que o trataram eram católicos, Artaud inicialmente simulou uma conversão; como achavam que ele delirava, renegou suas visões alegóricas de mundo, admitindo que realmente eram meros delírios. Com Parisot, intelectual amigo de Breton e Desnos, portanto pessoa confiável, Artaud se abria, expressando-se livremente. Essa interpretação é corroborada por outra aparente contradição: o fato de tratar Ferdiére como um benfeitor, nas cartas que lhe dirigiu, e as afirmações a respeito dos psiquiatras em geral e de Ferdiére em particular feitas posteriormente, inclusive nos trechos de *Artaud le Mômo* e *Van Gogh* da presente antologia.

Tudo isso faz parte de uma imensa discussão sobre as implicações éticas dos tratamentos psiquiátricos aos quais Artaud foi submetido entre 1937 e 1946. Trata-se de uma polêmica que já consumiu respeitáveis quantidades de papel e tinta, com Ferdiére justificando os eletrochoques e acusando os amigos de Artaud de terem apressado sua morte. Segundo seus biógrafos, Artaud teria sido submetido em Rodez a *sessenta* sessões de eletrochoque, uma quantidade exagerada mesmo sob os padrões psiquiátricos ortodoxos. Além das sequelas habituais, a experiência do eletrochoque era dolorosa para Artaud, por ser ele um hipersensitivo, uma pessoa capaz de perceber mais agudamente as sensações corpóreas. Evidentemente, o que ajudou Artaud, permitindo sua recuperação, foi o tratamento mais humano em Rodez, inclusive a possibilidade de voltar a escrever e a desenhar, e também a dialogar com pessoas com as quais tinha afinidade. Não há motivos para supor que a medicação mais pesada, inclusive eletrochoques, tenha trazido qualquer benefício adicional.

C.W.

Para Henri Parisot
Rodez, 17 de setembro de 1945

Caro Senhor,

Recebi sua carta dizendo compreender quanto minha situação me pesa. E eu lhe disse que publicasse a *Viagem ao país dos taraumaras* e enviei uma carta para ser publicada no lugar dos suplementos que mandei em 1943. Tudo isso está muito bem, mas, caro amigo, não podemos parar por aí. Há mais coisas acontecendo sobre a terra e em Paris, neste momento, que literatura, edições e revistas. Há uma velha história da qual todos falam, mas só falam para si mesmos e ninguém ousa falar publicamente, embora esteja acontecendo publicamente o tempo todo, na vida comum, sendo que ninguém, por uma espécie de nauseabunda hipocrisia geral, quer confessar que a percebeu, que a viu e viveu. Essa história é uma história de enfeitiçamento geral da qual todo mundo participa em maior ou menor grau, um pouco mais ou menos, mas sempre fingindo nada saber e tentando esconder que participa seja com o inconsciente, seja com o subconsciente e, principalmente, com toda sua consciência. A finalidade desse enfeitiçamento é deter uma ação que iniciei faz anos e que consiste em fazer com que todos saiam deste mundo fedorento e em acabar com este mundo fedorento. Se fui internado há oito anos e mantido em confinamento durante oito anos, esse é claramente o resultado de uma má vontade geral que procura impedir a todo custo que o sr. Antonin Artaud, escritor e poeta, possa realizar na vida as ideias que proclama nos seus poemas, pois eles sabem que o sr. Antonin Artaud tem meios de ação que devem ser barrados quando ele, junto com mais algumas almas que o amam, quiser sair deste mundo servil, de um asfixiante idiotismo tanto para ele como para os demais e que se compraz com esta asfixia. As pessoas são imbecis. A literatura está esvaziada. Não existe mais nada nem ninguém, a alma é insana, não há mais amor, nem mesmo ódio, todos os corpos estão saciados; as consciências, resignadas. Nem mais existe aquela inquietação que atravessa o vazio dos ossos, só existe uma imensa satisfação de inertes almas bovinas, servos da imbecilidade que os oprime e com a qual não param de copular dia e noite, servos tão chatos como esta carta na qual tento manifestar meu desespero contra uma vida conduzida por um bando de criaturas insípidas que querem nos impor seu ódio contra a poesia, seu amor pela inépcia burguesa num mundo inteiramente aburguesado, com todo esse ronronar verbal de soviets, anarquia, comunismo, socialismo, radicalismo, repúblicas, monarquias, igrejas, ritos, racionamentos, controles, mercado negro, resistência. Esse mundo que só sobrevive a cada dia que passa enquanto outra coisa está acontecendo, e cada dia a alma também é chamada para finalmente nascer e vir a ser. Mas o Sr. não acreditaria, Sr. Parisot. Isso é o que penso e faço e já o tentei em Marselha em 1917 durante a outra guerra e todos os mendigos, todos os operários e rufiões de Marselha me acompanharam e um chofer de táxi quis me levar de graça e um homem na multidão me passou um revólver para me defender da polícia e foi por ter provocado uma insurreição dessa ordem em Dublin que me deportaram. Nada disso é motivo para me fazerem passar por louco a fim de se livrar de mim e me adormecer com eletrochoques para que eu perca a memória medular da minha energia. Tudo isso é pessoal e sei que não o interessa pois as memórias dos poetas mortos são lidas, mas para os vivos nem mesmo mandam uma xícara de café ou um copo de ópio para reconfortá-los. Mas não lhe escrevo para pedir que tenha pena de mim; escrevo para avisar que minha situação tornou-se insustentável e logo as coisas vão explodir, mesmo que o Sr. não acredite, pois não posso admitir que grupos de feiticeiros recrutados em todas as classes sociais se coloquem em determinados lugares de Paris para tentar influenciar e comandar minha consciência – a mim, Artaud, eles, os tintureiros, afiadores de facas, farmacêuticos, merceeiros, vinhateiros, lojistas, bancários, contadores, comerciantes, tiras, médicos, professores universitários, funcionários públicos, padres enfim, principalmente padres, religiosos, monges, irmãos leigos, ou seja, incapazes, ineptos, todos eles burocratas do espírito, um espírito chamado pelos católicos de Espírito Santo e que nada mais é senão a descarga anal e vaginal de todas as missas, todas as crismas, todos os viáticos, todas as bênçãos, todas as consagrações, todas as extremas-unções, sem contar as abluções e o nardo ritualmente queimado pelos brâmanes, as reviravoltas dos derviches, as rosáceas incristadas porque incrustadas nas catedrais, o cruzamento rotuliano com os calcanhares sob as nádegas dos budas e mais as tenebrosas invocações intramuros dos lamas. Tudo isso é atualmente muito pior e mais tenebroso que a controvérsia dos universais e eu não quero, estando internado num hospício, continuar preso aqui, impedido de ver minhas cinco primeiras filhas: Nénéka Chilé, Catherine Chilé, Cécile Schramme, Annie Besnard, Yvonne Nel Dumonchel e mais algumas entre as quais Sonia Mossé, Yvonne Gemelin, Josette Lusson, Colette Prou (assassinada a machadadas numa cela do hospital do Hâvre por um guarda subornado pela segurança pública enquanto eu era seguro numa camisa de força com os pés amarrados à cama), e eu não quero, principalmente por tais encantamentos serem produzidos, a maior parte do tempo, por grupos de franceses que se reúnem em Paris em certas horas do dia e da noite em ruas afastadas na vizinhança de Notre-Dame des Champs, da Porta de Orléans ou de Versailles, do cemitério de Montmartre, do Pére Lachaise, dos Invalides, da avenida de la Motte-Picquet, do Parque Monceaux, dos Champs-Élysées etc. etc. ... Quando tais enfeitiçamentos são produzidos, a polícia proíbe o trânsito durante uma hora na rua onde se realizarão; coisas assim aconteceram faz quinze dias na avenida Motte-Picquet, anteontem pelas quatro da tarde na rua de Prony, ontem à noite pelas 11 horas (portanto domingo 16 de setembro) na Place de la Concorde, nos Champs-Élysées, pelos lados do Ministério da Marinha. Os franceses esqueceram, por estarem sob um enfeitiçamento consentido, que eu respondo a essas feitiçarias com montões de cadáveres em Paris mesmo, sendo que as ruas onde esses cadáveres tombam também são interditadas pela polícia, dando tempo para os lixeiros e os coveiros juntarem os cadáveres e limparem as ruas, mas ninguém quer saber disso para assim poder permitir-se o luxo de acreditar que a vida ordinária continua, enquanto a população de Paris e da Terra começa a escassear, Sr. Henri Parisot, mas todos os que perderam um parente ou amigo receberam ordens para nada dizer e não se queixar, para assim essa monstruosa história continuar sendo abafada, enquanto continuo aqui tendo cólica sobre cólica e diarreia sobre diarreia e isto é o mínimo que tenho para dizer-lhe. Peço que leia e releia muitas vezes esta carta, com a maior atenção, e então compreenderá o destino reservado pela França burguesa a um escritor insurreto.

Antonin Artaud

Para o Sr. Henri Parisot
Rodez, 22 de setembro de 1945

Meu caro amigo,
 Eu não fiz a tradução de Jabberwocky.[1] Tentei traduzir um trecho mas me aborreci. Nunca gostei desse poema que sempre me pareceu de um infantilismo afetado; amo os poemas jorrados e não as linguagens rebuscadas. Quero, quando escrevo ou quando leio, sentir minha alma entesar-se como na Charogne, no Martyre ou no Voyage à Cythère de Baudelaire. Não gosto de poemas ou linguagens de superfície que falam de momentos felizes de lazer ou de sucessos intelectuais apoiando-se no ânus mas sem envolver a alma ou o coração. O ânus é sempre terror e eu não aceito que alguém perca um pedaço de excremento sem dilacerar-se por também estar perdendo a alma; e não existe alma em Jabberwocky. Tudo que não for um tétano da alma, ou não provier de um tétano da alma, como os poemas de Baudelaire e de Edgar Poe, não é verdadeiro e não

---

1. "Jabberwocky", de Lewis Carroll, traduzido para o português como "Jaguadarte" por Augusto de Campos (no *Correio Paulistano* em 1960 e várias edições posteriores).

pode ser aceito como poesia. Jabberwocky é obra de um castrado, de um personagem híbrido que triturou sua consciência para que dela saísse um texto, enquanto Baudelaire fazia saírem escarificações de afasia e paraplegia, e Edgar Poe, mucosas ácidas como o ácido prússico, o ácido do alcoolismo, e isso até o envenenamento e a loucura. Pois se Edgar Poe foi achado morto certa manhã numa sarjeta de Baltimore, não foi por causa de uma crise de delirium tremens provocada pelo álcool, mas sim porque uns canalhas que odiavam seu gênio e detestavam sua poesia o envenenaram para impedir que vivesse e manifestasse o ditame insólito que se manifesta nos seus versos. Pode-se inventar uma linguagem própria, fazer com que a linguagem fale com um sentido extragramatical, mas é preciso que haja um sentimento válido em si, que provenha do horror – o horror, este velho servo da dor, sexo como uma coleira subterrânea de aço produzindo seus versos a partir da sua doença: o ser, e nunca tolerando que o esqueçam. Jabberwocky é a obra de um oportunista que quis alimentar-se, mesmo já saciado por um repasto bem servido, mas que ainda quis saciar-se com a dor alheia. E isso é algo que ninguém reparou nos seus poemas, que ninguém mencionou até agora. Mas eu o digo porque o senti. Quando se escava o cocô do ser e da sua linguagem, é preciso que o poema cheire mal e Jabberwocky é um poema que seu autor não deixou permanecer no ser uterino do sofrimento onde todo grande poeta já mergulhou para, uma vez saído para fora, continuar fedendo. Há passagens fecais em Jabberwocky, mas é a fecalidade de um snob inglês que trata a obscenidade como se fosse uma cabeleira sendo frisada, de um diletante do obsceno que procura não ser obsceno como o foram Baudelaire na sua afasia final ou Edgar Poe caído na sarjeta naquela manhã quando foi encontrado morto de apoplexia por ácido prússico ou cianureto de potássio. Jabberwocky é a obra de um covarde que não quis sofrer sua obra antes de escrevê-la e isso se nota. É a obra de um homem que comia bem e isso é algo que se nota no seu texto. Amo os poemas dos famintos, dos doentes, dos marginais, dos envenenados: François Villon, Charles Baudelaire, Edgar Poe, Gérard de Nerval; poemas de supliciados da linguagem que estão se perdendo nos seus textos e não poemas dos que fingem que estão se perdendo para melhor exibir sua consciência e sua ciência, da perda e da escrita. Os perdidos não estão sabendo dessas coisas, eles mugem e berram de dor e de horror. Abandonar a linguagem e suas leis para retorcê-la, para desnudar a carne sexual da glote de onde saem os amargores seminais da alma e os lamentos do inconsciente, tudo bem com isso, mas desde que o sexo seja o orgasmo de um insurreto, desesperado, nu, uterino, lamentável também, ingênuo, perplexo por estar sendo censurado e que esse trabalho não compareça como o triunfo de uma falta cujo estilo, em cada um dos acordes das suas dissonâncias, tenha o fedor de um espírito bem alimentado porque o homem comeu bem, porque a falta, como em Jabberwocky, foi provocada como um alimento aliciante a mais. Amo os poemas que fedem à falta e não a refeições bem servidas. E tenho mais uma coisa contra Jabberwocky. É que, faz anos, tive a ideia de uma consumação, uma consumação interna da linguagem pela exumação de não sei que torpes e crapulosas necessidades. Em 1934, escrevi um livro inteiro com essa finalidade, numa língua que não era o francês, mas que todos poderiam ler, qualquer que fosse a nacionalidade. Infelizmente esse livro perdeu-se. Foram impressos poucos exemplares, porém abomináveis influências de pessoas da administração, da igreja, da polícia, intervieram para fazer que desaparecesse, sobrando apenas um exemplar que não está comigo, mas que ficou com uma das minhas filhas, Catherine Chilé. Esta trabalhava como enfermeira em 1934 no hospital Saint-Jacques, preparando-se para conseguir o diploma de medicina. Vejo-a constantemente ao meu redor e sei que agora ela faz o impossível para chegar até Rodez, mas não sei exatamente onde ela está, quero dizer, até onde foi nesta viagem para chegar a mim. Não acredito que isso possa parecer-lhe um romance, agora que viu as hordas de espíritos assassinos revoluteando ao meu redor para impedir-me de trabalhar e ao seu redor para impedi-lo de ser.

Peço-lhe que publique esta carta, que André Breton certamente teria publicado com muito prazer vinte e cinco anos atrás, na Révolution Surrealiste. Hoje em dia ela sequer provocaria escândalo, mas há muitos feitiços flutuando no ar e atravessando as consciências, insinuando que ideias como estas são fracas, que é preciso um crítico de outra estatura para falar de Jabberwocky. No entanto, tenho certeza que o leitor das minhas obras póstumas (pense nisso!), daqui a alguns anos, a entenderá – pois são necessárias a perspectiva do tempo ou então bombas para avaliar a situação como se deve.

Tendo escrito um livro como *Letura d'Eprahi Talli Tetr Fendi Photia O Fotre Indi*, não posso tolerar que a sociedade atual, *na qual você sofre constantemente tanto quanto eu*, só me deixe traduzir um outro feito à sua imitação. Pois Jabberwocky nada mais é que o plágio diluído e sem vigor de uma obra que escrevi e que fizeram desaparecer a tal ponto que nem me lembro mais do que havia nela.

Aqui estão alguns experimentos de linguagem aos quais a linguagem desse livro antigo devia assemelhar-se. Mas só podem ser lidos se escandidos num ritmo que o próprio leitor deverá achar para entender e para pensar:

**ratara ratara ratara
atara tatara rana**

**otara otara katara
otara retara kana**

**ortura ortura konara
kokona kokona koma**

**kurbura kurbura kurbura
kurbata kurbata keyna**

**pesti anti pestantum putara
pest anti pestantum putra**

mas isto só é válido se tiver jorrado de uma vez só; buscado sílaba por sílaba, nada mais vale; escrito aqui, nada mais diz e não tem mais valor que a cinza; para que isso possa viver como escrita é preciso outro elemento que está naquele livro que se perdeu.

Os próximos acontecimentos esclarecerão tudo isso.

Antonin Artaud

Para o Sr. Henri Parisot
Rodez, 9 de outubro de 1945

Prezado Senhor,

Sim, é com grande prazer que o autorizo a publicar as últimas cartas que lhe escrevi. Mas faz dois dias enviei uma nova carta, a qual gostaria que fosse incluída na *Viagem ao país dos taraumaras*. Acho que ela o interessará pelo que contém. Estou preparando dois livros:

O surrealismo e o fim da era cristã e, principalmente, *Medida sem medida,* onde tento encontrar uma nova linguagem: ser este cão patudo que caminha com as pernas abertas carregando seu coração perpetuamente entre as coxas e não a puta que rebola seu traseiro para todos os lados a fim de mostrá-lo.

**orka ta ana izera
kani zera tabitra**

Pois o indefinido é uma prensa

Ora bulda nerkita

que se esmaga a si própria até fazer sair seu próprio sangue do infinito, não como um estado, mas como um ser.
Avise-me se recebeu minha última carta.

Seu,
Antonin Artaud

P.S. – Há, neste momento, uma história absurda de possessão que ocupa a terra toda. É conduzida por um certo número de seitas de iniciados que conheço muito bem e que persigo faz pelo menos trinta anos, ou seja, desde um certo dia da primavera de 1915 quando fui esfaqueado nas costas por dois rufiões no Cours Devilliers em Marselha, diante da igreja dos Reformados. Eu tinha então dezenove anos. Passava diante da farmácia na esquina do Cours Devilliers com o Boulevard de la Madeleine, quando vi rondarem dois homens de cara feia que me inspiraram a ideia que eu seria atacado: não os conhecia e um deles me sorriu como se dissesse: "Não tenha medo, não é você que procuramos". Em seguida, vi seu rosto transformar-se e, no lugar do homem que me sorria, havia uma máscara de bestialidade que me chocou pois não parecia pertencer ao mesmo homem e, então, senti-me atravessado por uma horrível convulsão. "Quem sou eu e o que quero", parecia dizer-se ele subitamente, "esse homem não é meu inimigo, não conheço e não vou atacá-lo." E foi-se embora. Comecei a subir pelo Boulevard de la Madeleine quando senti o ar tremer às minhas costas como se estivesse sendo dilacerado; pensei: "É a alma do rufião que está se dilacerando" e nem tive tempo de virar-me quando senti a lâmina de uma faca rasgando a parte de trás do meu coração, nas costas, um pouco acima da omoplata, a dois centímetros da coluna vertebral. Senti também que antes do golpe um corpo caíra atrás de mim; também caí por terra, mas pensei, ainda não é minha hora final, o sangue correrá e logo se estancará e, com esta ideia, me levantei sentindo uma dor terrível que aos poucos se acalmou. O rufião por terra me disse: "Não fui eu e por nada neste mundo o golpearia. Conheço-o, embora você não se lembre mais, e sei quem é você; tentei evitar o golpe que me obrigavam a desferir e se meu corpo fez isso foi porque eu estava completamente possesso, mas minha alma não fez isso e me joguei no chão tentando livrar meu corpo de uma coisa dessas". Respondi-lhe: "Sei muito bem quem quis me golpear, foi um anjo e não você. É uma velha história que vem desde antes do começo" e, à medida que eu ia falando, lembrava-me dessa história de um crime esquecido, quando Jesus Cristo era uma madame de bordel e Lúcifer, o coroinha de Deus. "Esta história", disse-lhe, "ainda vai longe e está longe de terminar" e de fato continua até hoje no asilo de Rodez onde me encontro atualmente à sombra da catedral mais católica do mundo que dia e noite solta invencíveis ondas de feitiço na minha direção. Ainda carrego nas costas, trinta anos depois, a cicatriz da facada, animada por uma força na qual submergiu o homem que a desferiu, mas não sua alma.

O rufião possesso não está sozinho e a terra toda agora está nas mesmas condições. Mas ninguém acredita, pois o truque dos iniciados é introduzir-se no corpo das pessoas para desmentir aqueles que os acusam, fazendo que sejam levados à prisão ou ao hospício. Passei os últimos trinta anos da minha vida observando as seitas que agem no mundo todo e que atuam sobre a consciência das pessoas, e agora acho que as conheço todas. Existem no Afeganistão, no Tibet, no Turquestão, entre os bonzos das lamaserias, entre os muçulmanos da Índia, porém os mais temíveis são aqueles que não se confessam iniciados, mas trabalham secretamente, dia e noite, apoiando-se no mistério do corpo humano. Essas seitas têm a pretensão de existir espiritualmente e os espíritos dos corpos nos quais elas trabalham têm a pretensão de dominar esses corpos e os controlar a partir de dentro; tanto o eu como o corpo do homem ou da mulher que os carreguem. E esta é a ideia mais tetanizante e epileptizante que jamais tive. Na origem dessa situação está a religião católica cristã. Pois ela se quis espírito e não corpo, ou, como na religião intrínseca de Jesus Cristo, ela vê no princípio do corpo um vazio que se faz cheio, preenchendo aos poucos o vazio que é apenas sua emanação. Isso significa que na base de cada corpo vivo há um buraco abissal e um anjo que pouco a pouco o preenche a partir das cavidades da eternidade e que tenta, por submersão, tomar seu lugar. Por ter procurado divulgar essas coisas, fui tratado como louco e, finalmente, em 1937, aprisionado, deportado, agredido num navio, envenenado, posto em camisa de força, deixado em coma e, até agora, não consegui recuperar minha liberdade. Quando os anjos dos quais falo levantam-se de certos corpos, os mais poderosos feitiços são lançados contra mim e contra certas pessoas que conheço e todavia conheço muitos sobre a terra que gostariam de nada ter a ver com essa situação. E na origem desses feitiços há uma velha história que remonta até antes do dilúvio e até bem antes da criação. Não é à toa que os ingleses, faz muitos anos, mandaram queimar as plantações de ópio da China e proibiram, sobre toda a terra, o livre uso do ópio, da heroína, da morfina e de todas as plantas que supostamente causam convulsões como o peiote, o curare, o ágar-ágar e o beri-beri. É para impedir que os homens voltem a uma certa noção pré-genital do ser que todas as religiões ocultaram. Pois a vida não é este tédio destilado no qual maceram nossas almas há sete eternidades, não é este estado infernal no qual as consciências vegetam, precisando música, teatro, poesia e amor para brilhar de vez em quando, mas tão pouco que nem vale a pena falar nisso. O homem na terra entedia-se até morrer e de uma maneira tão profunda que nem percebe mais. Ele se deita, dorme, levanta, anda, come, escreve, engole, respira, caga, como uma máquina em ponto morto, com um resignado enterrar-se na terra da paisagem, subjugado pela paisagem, como um novilho garroteado no cepo de um copo que não presta mais, submetido *a leituras,* bom dia, boa noite, como vai, o dia está bonito, a chuva vai refrescar a terra, quais são as novidades, venha então tomar chá em casa, gamão, jogo de cartas, de bola, jogo de damas e xadrez; mas não é nada disso, quero dizer que nada disso define a vida imunda que vivemos. O que a define é que destilaram todas as nossas percepções, todas as nossas impressões, e só vivemos a conta-gotas, respirando o ar das paisagens por fora e a partir das beiradas, o amor pelo lado de fora da cesta sem poder pegar a cesta toda. E não é por o amor não ter mais alma, é que a alma do amor não existe mais. Comigo é o absoluto ou nada, isto é o que tenho a dizer para este mundo que não tem mais alma nem ágar-ágar. E que existe no surrealismo do transe, no estado do transe, um limo ressecado pelas religiões e pelos seus ritos que há sete eternidades são servidos por todos os burgueses e todos os covardes da terra e da vida. E esse limo é regenerador; não se chama poesia dos poetas nem música das harmonias, não é um nome mas sim o próprio corpo da alma, a alma que o Cristo baniu da vida para conservar no seu paraíso (aqui jaz) e que as seitas de iniciados da terra desviaram para centros secretos a fim de dá-la a conta-gotas, diariamente, para quem lhes convier. O que mais se assemelha a essa alma é o ópio, a heroína, o ágar-ágar, o beri-beri. O peiote e a cocaína já são como extratos pervertidos. Mas o álcool é sua cocção eterna, ou seja, seu ressecamento. É por isso que o delirium tremens do álcool sempre foi permitido, assim como a histeria e a epilepsia que produzem gerações e gerações, enquanto exércitos de tiras, médicos, enfermeiros e freiras se erguem contra as assim chamadas toxicomanias. Os que tomam drogas, é por terem uma falta genital e predestinada – ou então os poetas do seu eu na vida, esses sentiram desde sempre o que falta à vida. – Pois o ópio, há eternidades, só intoxica por causa do feitiço lançado contra ele. O qual consiste em terem lhe raspado o súbito ataque de um poder.

> **potam am cram**
> **katanam anankreta**
> **karaban kreta**
> **tanamam anangteta**
> **konaman kreta**
> **e pustulam orentam**
> **taumer dauldi faldisti**
> **taumer oumer**
> **tena tana di li**
> **kunchta dzeris**
> **dzama dzena di li**

kama o trem desapareceu em Ule, viu arrebatar-se a kroule de Tulé.

Há no ópio o segredo de um fermento imortal, ressecado pelo pão ázimo e pelo álcool dos vinhos consagrados e também violado em sombrias conjurações no Cáucaso ou no Himalaia.

**Talachtis talachtis tsapoula
koiman koima nara
ara trafund arakulda**

que é um rito de exorcismo contra o ressecamento do ópio pelas conjurações e consagrações. Esse ressecamento do ópio é verdadeiro, pois ele veio de uma alma da vida, de um corpo com uma eterna subida de vida, ele só pode dar o salto sem túmulo, esse túmulo atômico do corpo no qual por queda ou deposição interna se perde a força que antes havia. Como é que se perde quando devia aumentar, já que a força trazida pelo ópio, em vez de rebaixar o corpo, o eleva, fazendo-o pegar um impulso que o ultrapassa e lhe abre o abismo da sobrevivência imortal bloqueado pelo rancor de não sei que espírito do túmulo na medula do intoxicado? A elevação ao avesso produzida pelo ópio não é uma preguiça de viver, mas sim a força do viver um pouco mais, ou seja, do ultrapassar-se. E é isso que os intoxicados não fazem: eles vegetam em vez de tentarem se ultrapassar. Por quê? Por o próprio ópio ter sido modificado pela antiga perda de uma alma que os ingleses na China, há vinte ou trinta anos, tentaram carbonizar de vez. E essa alma, eles a suplicaram em Chaucer, botaram na fogueira em Joana D'Arc e procuraram exterminar na China por serem a raça dos brancos e o ópio ser negro e eles quererem exterminar tudo que é negro. A subida do sopro na garganta, a cuspida do escarro que sempre vem de baixo e mergulha para baixo, o forte fundo de uma força que se volta mais para baixo ainda, o tremor de um sombrio clitóris, o impulso de uma ereção sangrenta que não se perde, mas se refaz sem acabar, são estas as coisas que o ópio contém quando não foi desnaturado. Afirmo, pois, que se o ópio intoxica é porque foi desnaturado. – E o foi por manobras sombrias, pelo ódio ao seu secreto surrealismo.

O ópio não faz ver coisas alucinadamente como o peiote, ele faz com que aconteçam sem o maravilhoso, mas tornando cada vez mais maravilhosamente aceitável o sofrimento de voltar às coisas da vida cotidiana. A mesa na qual eu como é de madeira maciça, sem ópio vejo-a de uma cor ocre sujo quando na verdade ela não é assim. O ópio a devolve como é na terra da sua floresta, servente cheia de piedade, vermelho-Brue, sangue dos suplícios que teve de suportar antes de poder me servir. Isto é um estado, mas há muitos outros no ópio. Acontece que o corpo de carne mole e madeira branca, jogado em mim por não sei qual papai-mamãe, se transformará pelo ópio; *realmente* se transformará. E quem sabe nunca mais precisarei de uma mesa e serei capaz de plantar as florestas que liberarão tanta matéria enterrada no chão da eternidade. Florestas de corpos que são almas e almas finalmente tornadas seres, pois serão chamas-corpos. Nada se perde e tudo se cria e é no ópio que um dia foi criada a vida, mas o rancor a desnaturou. Bem sei em quais centros secretos foi destilado esse rancor. Já os designei abundantemente. Mas a terra em que sobrevivo nunca foi uma alucinação de sonhos que esta terra na verdade rejeita. Acho que ela logo explodirá. É preciso que esta carta vá somar-se às anteriores no livro em que serão recolhidas.

Antonin Artaud

Artaud, o momo

Artaud le Mômo foi escrito em 1946, logo após sua saída de Rodez, e publicado sob forma de opúsculo com tiragem limitada, com ilustrações do próprio Artaud, em 1947. Há divergências quanto ao sentido de *Mômo:* para alguns tradutores, remete a *môme*, criança, garoto em francês. Pode ser uma corruptela de *momie*, múmia, expressão usada e tematizada por Artaud em outros textos seus como *Invocation a la Momie*. Segundo Sontag, equivale a bobo, idiota, trouxa em gíria de Marselha, sendo que Artaud era marselhês e usava essa gíria nos seus escritos (por exemplo, *grue*, guindaste, como sinônimo de puta). Na edição espanhola (da *Fundamentos*) lembram que *Momo*, na gíria mexicana, também é sinônimo de bobo e palhaço e que Artaud falava espanhol. Consequentemente, nas edições em língua espanhola o termo é mantido. Adotamos o mesmo critério, já que temos a palavra momo em português, significando palhaço, bufão teatral, como em Rei Momo. Aliás, etimologicamente o sentido é esse mesmo, já que deriva de Momos, deus grego do teatro satírico.

O texto apresenta semelhanças com outros escritos de Artaud do mesmo período, como *Ci Gît, Pour en finir avec le jugement de dieu* e a Carta a Pierre Loeb: um texto forte, sempre abordando a temática da reconstrução do corpo, intercalado com glossolalias. Em janeiro de 1947 Artaud é convidado para uma série de leituras de poesia no Teatro Vieux Colombier. Com a casa cheia, uma plateia de intelectuais ilustres (Gide, Camus, Breton, entre outros) e de jovens, Artaud lê trechos do seu *Momo*; ao chegar a *Alienação e magia negra*, substitui a leitura pela narrativa de tudo que passara durante sua reclusão nas clínicas psiquiátricas. Fala duas horas sem parar, grita até de repente faltar-lhe a voz; então, Artaud fica olhando fixamente para o público e repentinamente sai correndo do teatro, deixando alguns dos presentes comovidos e vivamente impressionados, outros apenas escandalizados. Segundo o próprio Artaud, ele tivera a súbita percepção de que nada tinha a dizer ao público, que nada mais havia a ser dito: *Repentinamente percebi que já havia passado a hora de reunir pessoas num teatro, até mesmo para dizer-lhes algumas verdades, e que não existe outra linguagem para a sociedade e seu público a não ser aquela das bombas, das metralhadoras, das barricadas e tudo que segue daí* (de um depoimento escrito um mês e meio depois).

C.W.

Artaud, o momo
[trecho]

LOUCURA E MAGIA NEGRA

Os manicômios são conscientes e premeditados recipientes de magia negra, não só por os médicos promoverem a magia por suas inoportunas e híbridas terapias, mas por praticarem-na.

Se não houvesse médicos
nunca haveria doentes,
nem esqueletos dos mortos
doentes para serem esfolados e retalhados.

pois a sociedade não começou com os doentes mas sim com os médicos.

Aqueles que vivem, vivem dos mortos.
É preciso que a morte também viva;
e nada como um manicômio para carinhosamente incubar a morte e para manter os mortos em incubadoras.

Essa terapêutica de morte lenta começou 4.000 anos antes de Jesus Cristo, e a medicina moderna, nisso cúmplice da mais sinistra e crapulosa magia, aplica a seus mortos o tratamento do eletrochoque ou da insulinoterapia para drenar diariamente das suas coudelarias humanas o eu dos homens,
e apresentá-los assim esvaziados,
assim fantasticamente
disponíveis e vazios
às obscenas solicitações atômicas e anatômicas
do estado chamado de *Bardo*[1], entrega do *barda* vital às exigências do não eu.

O Bardo é a ânsia mortal na qual se escoa o eu,
e nos eletrochoques há um estado de escoamento
pelo qual passam todos os traumatizados
e que os levava não mais ao conhecimento, mas a horrenda e desesperadamente desconhecerem quem são, quantos eram, que, lei, eu, rei, vós, bah e ISSO.

Passei por esse estado e nunca mais o esquecerei.

---

1. Artaud refere-se ao *Bardo Todol*, livro tibetano dos mortos. *Bardo* seria algo como um estado intermediário entre o falecimento e a transmigração ou a saída do ciclo cármico, ou seja, um estado ao mesmo tempo de latência e morte.

A magia do eletrochoque arranca um estertor de morte, mergulha a pessoa que o recebe num estertor de morte de quem está abandonando a vida.

Mas os eletrochoques do Bardo nunca valeram como experiência e, tanto no eletrochoque do Bardo como no Bardo do eletrochoque, o estertor de agonia consiste em despedaçar uma experiência chupada pelos fantasmas do não eu, a qual o homem nunca mais conseguirá reaver.

No meio dessa palpitação e dessa respiração de todos aqueles que assediam quem, como dizem os mexicanos, cavando um buraco no córtex do seu escarro, *escorre desordenadamente para todos os lados*.

A medicina mercenária mente sempre que diz ter curado um doente pelas introspecções elétricas do seu método, e pessoalmente só vi pessoas aterrorizadas pelo método, incapazes de reaver seus eus.

Quem tiver passado pelo eletrochoque do Bardo e pelo Bardo do eletrochoque nunca mais volta das trevas, e sua vida foi degradada. Conheci cada arquejo dessas moleculações do estertor dos verdadeiros agonizantes. Os taraumara do México chamam a este escarro de rouquidão de cinza do carvão sem dentes.

Perda de uma parte daquela genuína euforia que outrora tivemos ao nos sentir vivos, deglutindo e mastigando.

É assim que o eletrochoque, como o Bardo, cria espectros, converte todos os estados pulverizados do presente, todos os fatos do seu passado em fantasmas inutilizáveis no presente e que não param de assediar o presente.

Porém, repito, o Bardo é morte, e *a morte é apenas um estado de magia negra que existe há não muito tempo.*

Criar a morte de um modo tão artificial como o faz a medicina moderna é favorecer o retorno de um nada que nunca favoreceu a ninguém, mas com o qual certos aproveitadores predestinados do homem se sustentam há muito tempo.

Na verdade, desde um certo ponto do tempo.

Qual?

Aquele em que foi necessário escolher entre a renúncia a ser homem ou tornar-se um louco evidente.

Mas qual garantia têm os loucos evidentes deste mundo de serem assistidos por autênticos homens vivos?

> **farfadi**
> **ta azor**
> **tau ela**
> **auela**
> **a**
> **tara**
> **ila**
>
> **FIM**

Uma página em branco para separar o texto do livro já concluído de todo o pulular do Bardo que aparece no limbo do eletrochoque. E nesses limbos uma tipografia especial, com a finalidade de tornar deus repulsivo, contrapor-se às palavras verbais às quais se pretendeu atribuir um valor especial.

Antonin Artaud
12 de janeiro de 1948

Você vai embora,
diz a imunda intimidade do Bardo,
e você continua aí.

> *você não está mais aí*
> *mas nada te abandona*
> *você conservou tudo*
> *exceto a si mesmo*

e que lhe importa se
o mundo
está aí.

O
mundo
mas não é mais eu.
E que importa isso
diz o Bardo,
         sou eu.

P.S. – Quero queixar-me por ter encontrado no eletrochoque mortos que eu preferiria não ver.

Os mesmos
que esse estúpido livro chamado
         Bardo Todol
extrai e apresenta faz mais de quatro mil anos.

Por quê?

Tudo que pergunto é:
Por quê?...

Van Gogh: o suicidado pela sociedade

Em fevereiro de 1947 Artaud foi à mostra de Van Gogh no museu de l'Orangerie, no qual estavam expostas 173 obras do grande pintor holandês. Pouco antes saíra no jornal *Arts* um artigo de um psiquiatra focalizando Van Gogh sob um ponto de vista clínico, rotulando-o inclusive como degenerado. De volta da exposição Artaud se pôs a escrever imediatamente seu texto. Consta que o teria escrito em dois dias. Na verdade, a maior parte foi feita em uma semana. Foi publicado em setembro de 1947 e logo em seguida recebeu o prêmio *Sainte-Beuve;* na época, o principal prêmio literário para ensaios na França. Não deixa de ser uma ironia o fato do marginalizado Artaud receber um prêmio dessa importância e viver uma espécie de consagração – seus textos eram publicados logo depois que terminava de escrevê-los e as *Cartas de Rodez* já estavam na segunda edição – no fim da vida, quando definhava às vésperas da morte.

Van Gogh é um dos textos mais bonitos, de maior intensidade poética de Artaud. Há uma espécie de síntese, de junção do texto corrido das *Cartas* e da batida mais compassada, mais ritmada do *Momo* e de *Ci-Gît*. Quando o assunto era algum outro "maldito" hiper-românticos, Artaud escrevia apaixonadamente. Isso pode ser visto também na sua carta sobre Lautréamont, de 1946, e em seu texto sobre Gérard de Nerval.

C.W.

Van Gogh: o suicidado pela sociedade
[trechos]

Pode-se falar da boa saúde mental de Van Gogh, que em toda a sua vida apenas cozinhou uma das suas mãos e, fora disso, limitou-se a cortar a orelha esquerda numa ocasião.

num mundo no qual diariamente comem vagina cozida com molho verde ou sexo de recém-nascido flagelado e triturado,

assim que sai do sexo materno.

E isso não é uma imagem, mas sim um fato abundante e cotidianamente repetido e praticado no mundo todo.

E assim é que a vida atual, por mais delirante que possa parecer esta afirmação, mantém sua velha atmosfera de estupro, anarquia, desordem, delírio, perturbação, loucura crônica, inércia burguesa, anomalia psíquica (pois não é o homem, mas sim o mundo que se tornou anormal), proposital desonestidade e insigne hipocrisia, absoluto desprezo por tudo que tem uma linhagem

e reivindicação de uma ordem inteiramente baseada no cumprimento de uma primitiva injustiça;

em suma, de crime organizado.

Isso vai mal porque a consciência enferma mostra o máximo interesse, nesse momento, em não se recuperar da sua enfermidade.

Foi assim que uma sociedade tarada inventou a psiquiatria, para defender-se das investigações feitas por algumas inteligências extraordinariamente lúcidas, cujas faculdades de adivinhação a incomodavam.

Gérard de Nerval não estava louco, mas o acusaram de estar louco para desacreditar certas revelações fundamentais que estava em vias de fazer;

e, além de acusá-lo, golpearam sua cabeça, golpearam-no fisicamente uma certa noite para que ele esquecesse os fatos monstruosos que ia revelar e que, por causa desse golpe, passaram nele para o plano supranatural, pois a sociedade toda, conjurada contra sua consciência, mostrou-se naquele momento suficientemente forte para obrigá-lo a esquecer sua realidade.

Não, Van Gogh não estava louco, mas suas telas eram jorros de substância incendiária, bombas atômicas cujo ângulo de visão, ao contrário de todas as outras pinturas com prestígio na sua época, teria sido capaz de perturbar seriamente o conformismo espectral da burguesia do Segundo Império e dos esbirros de Thiers, Gambetta, Félix Faure, assim como os de Napoleão III.

Pois a pintura de Van Gogh ataca não um determinado conformismo dos costumes, mas das instituições. E até a natureza exterior, com seus climas, suas marés e suas tormentas equinociais, não pode mais, depois da passagem de Van Gogh pela Terra, manter a mesma gravitação.

Tanto mais razão para, no plano social, as instituições se desagregarem e a medicina parecer um hediondo e imprestável cadáver que declara louco a Van Gogh.

Diante da lucidez ativa de Van Gogh, a psiquiatria nada mais é que um reduto de gorilas obcecados e perseguidos que, para aplacar os mais espantosos estados de angústia e asfixia humana, só dispõem de uma ridícula terminologia,

digno produto dos seus cérebros tarados.

Com efeito, não existe psiquiatra que não seja um erotômano notório.

E não creio em exceções à regra da inveterada erotomania dos psiquiatras.

[...]

E o que é um autêntico louco?

É um homem que preferiu ficar louco, no sentido socialmente aceito, em vez de trair uma determinada ideia superior de honra humana.

Assim, a sociedade mandou estrangular em seus manicômios todos aqueles dos quais queria desembaraçar-se ou defender-se porque se recusavam a ser seus cúmplices em algumas imensas sujeiras.

Pois um louco é também um homem que a sociedade não quer ouvir e que é impedido de enunciar certas verdades intoleráveis.

Mas, nesse caso, o internamento não é sua única arma e a conspiração dos homens tem outros meios para triunfar sobre as vontades que deseja esmagar.

Além dos feitiços menores dos bruxos de aldeia, há as grandes sessões de enfeitiçamento global das quais participa, periodicamente, a consciência em pânico.

Assim, por ocasião de uma guerra, de uma revolução, de um transtorno social ainda latente, a consciência unânime é interrogada e se questiona para emitir um julgamento.

Essa consciência também pode ser provocada e despertada por certos casos individuais particularmente flagrantes.

Assim foi que houve feitiços coletivos nos casos de Baudelaire, de Edgar Poe, de Gérard de Nerval, de Nietzsche, de Kierkegaard, de Hölderlin, de Coleridge,

e também no caso de Van Gogh.

Isso pode ser feito durante o dia, mas se passa, de preferência, geralmente à noite.

Então, estranhas forças são despertadas e levadas à abóbada celeste; a essa espécie de cúpula sombria que constitui, sobre a respiração da humanidade, a venenosa agressividade do espírito maligno da maioria das pessoas.

É assim que as poucas pessoas lúcidas e de boa vontade que se debatem sobre a terra se veem, a certas horas da noite ou do dia, no fundo de certos estados de pesadelo autêntico e em vigília, rodeadas pela tremenda sucção, pela tremenda opressão tentacular de uma espécie de magia cívica que logo será vista aparecendo nos costumes de modo mais manifesto.

Diante dessa sordidez unânime que de um lado se baseia no sexo e de outro na missa e outros ritos psíquicos, não há delírio em passear à noite com um chapéu coroado por doze velas para pintar uma paisagem natural;

pois como faria o pobre Van Gogh para iluminar-se, como tão bem observou outro dia nosso amigo, o ator Roger Blin?

Quanto à mão cozida, trata-se de heroísmo puro e simples;

quanto à orelha cortada, pura lógica direta,

e repito,

um mundo que, cada vez mais, noite e dia, come o incomível

para levar sua maléfica vontade a alcançar seus objetivos

não tem outra alternativa nessa questão

a não ser calar a boca.

POST-SCRIPTUM

Van Gogh não morreu num estado propriamente de delírio,

mas por ter sido corporalmente o campo de batalha de um problema em torno do qual o espírito iníquo desta humanidade se debate desde as origens.

O problema do predomínio da carne sobre o espírito, do corpo sobre a carne ou do espírito sobre ambos.

E nesse delírio, qual é o lugar do eu humano?

Van Gogh o buscou durante toda sua vida com uma estranha energia e determinação, e ele não se suicidou num acesso de loucura, de desespero por não conseguir chegar lá,

mas, pelo contrário, ele havia conseguido, havia descoberto o que era e quem era quando a consciência coletiva da sociedade, para puni-lo por ter rompido as amarras,

o suicidou.

E isso aconteceu com Van Gogh como poderia ter acontecido com qualquer um de nós, costumeiramente, por meio de uma bacanal, de uma missa, de uma absolvição ou qualquer outro rito de consagração, possessão, sucubação ou incubação.

Assim a sociedade inoculou-se no seu corpo,

esta sociedade

absolvida,

consagrada,

santificada

e possuída,

apagou nele a consciência sobrenatural que acabara de adquirir e, como uma inundação de corvos negros nas fibras da sua árvore interna,

submergiu-o num último vagalhão

e, tomando seu lugar,

o matou.

Pois está na lógica anatômica do homem moderno nunca ter podido viver, nunca ter podido pensar em viver, a não ser como possuído.

O SUICIDADO PELA SOCIEDADE

[...]

Esses corvos pintados por ele, dois dias antes da sua morte, não lhe abriram as portas de certa glória póstuma, como tampouco o fizeram suas demais telas, mas abrem para a pintura pintada, ou melhor, para a natureza não pintada, a porta oculta de um mais-além possível, de uma permanente realidade possível através da porta aberta por Van Gogh para um enigmático e sinistro mais-além.

Não é comum ver um homem, com o balaço que o matou já no seu ventre, povoar uma tela de corvos negros sobre uma espécie de campo talvez lívido, em todo caso vazio, no qual a cor de borra de vinho da terra se confronta violentamente com o amarelo sujo do trigo.

Mas nenhum outro pintor além de Van Gogh teria achado, como ele o fez para pintar seus corvos, esse negro de trufa, esse negro de "banquete faustoso" e, ao mesmo tempo, como que excremencial das asas dos corvos surpreendidos pelo resplendor declinante do crepúsculo.

E do que se queixa a terra sob as asas dos *fastos* corvos, sem dúvida fastos só para Van Gogh, faustuosos augúrios de um mal que já não o afetará?

Pois ninguém, até então, havia conseguido converter a terra nesse trapo sujo encharcado de vinho e sangue.

O céu do quadro é muito baixo, aplastrado,
violáceo como as margens do raio.

A insólita franja tenebrosa do vazio que se ergue atrás do relâmpago.

Van Gogh soltou seus corvos, como se fossem os micróbios negros do seu baço de suicida, a poucos centímetros do alto *e como se viessem por baixo da tela,*

seguindo o negro talho da linha onde o bater da sua soberba plumagem acrescenta ao turbilhão da tormenta terrestre as ameaças de uma sufocação vinda do alto.

E, contudo, o quadro é soberbo.

Soberbo, suntuoso e sereno quadro.

Digno acompanhamento para a morte daquele que em vida fez girarem tantos sóis ébrios sobre tantos montões de feno rebeldes e que, desesperado, com um balaço no ventre, não poderia deixar de inundar com sangue e vinho uma paisagem, empapando a terra com uma última emulsão, radiante e tenebrosa ao mesmo tempo, com sabor de vinho azedo e vinagre talhado.

Pois esse é o tom da última tela pintada por Van Gogh, que nunca ultrapassou os limites da pintura e evoca os acordes bárbaros e abruptos do mais patético, passional e apaixonado drama isabelino.

É isso o que mais me surpreende em Van Gogh, o mais pintor de todos os pintores e aquele que, sem afastar-se do que chamamos de pintura, sem sair dos limites do tubo, do pincel, do enquadramento do *tema e* da tela, sem recorrer à anedota, ao relato, ao drama, à profusa ação de imagens, à beleza intrínseca do assunto, conseguiu imbuir a natureza e os objetos de tamanha paixão que qualquer conto fabuloso de Edgar Poe, de Herman Melville, de Nathaniel Hawthorne, de Gérard de Nerval, de Achim von Arnim ou de Hoffmann em nada superam, no plano psicológico e dramático, suas telas de três tostões,

telas que, por outro lado, são quase todas de reduzidas dimensões, como se respondessem a um propósito deliberado.

Uma lamparina sobre uma cadeira, um sofá de palha verde trançada,
    um livro no sofá
    e está revelado o drama.
    Quem vai entrar?
    Será Gauguin ou algum outro fantasma?

A lamparina acesa sobre a cadeira de palha verde trançada indica, ao que parece, a linha de demarcação luminosa que separa as duas individualidades antagônicas de Van Gogh e de Gauguin.

Relatado, o objeto estético da sua divergência talvez não ofereça um grande interesse, mas serve para indicar a profunda divisão humana entre os temperamentos de Van Gogh e Gauguin.

Acredito que Gauguin achava que o artista deve buscar o símbolo, o mito, ampliar as coisas da vida até o mito,

enquanto Van Gogh achava que é preciso deduzir o mito das coisas mais chãs da vida.

De minha parte, penso que tinha absoluta razão.

Pois a realidade é tremendamente superior a qualquer história, a qualquer fábula, a qualquer divindade, a qualquer surrealidade.

Basta ter o gênio para saber interpretá-la.

O que nenhum pintor antes do pobre Van Gogh havia feito,

o que nenhum pintor voltará a fazer depois dele, pois acredito que desta vez,

hoje mesmo,

agora,

neste mês de fevereiro de 1947,

é a própria realidade,

o mito da própria realidade, a própria realidade mítica, que está se encarnando.

Assim, depois de Van Gogh ninguém mais *soube* mover o grande címbalo, o acorde sobre-humano, *perpetuamente* sobre-humano, sob cujas ordens ressoam os objetos da vida real

quando se sabe aguçar suficientemente os ouvidos para escutar as ondas da sua maré crescente.

Assim ressoa a luz da lamparina, a luz da lamparina acesa sobre a cadeira de palha verde ressoa como a respiração de um corpo amante na presença de um corpo de enfermo adormecido.

Soa como uma estranha crítica, um profundo e surpreendente julgamento cuja sentença Van Gogh pode nos deixar adivinhar mais tarde, bem mais tarde, no dia em que a luz violeta da cadeira de palha tiver acabado de submergir o quadro.

E não se pode deixar de reparar nessa incisão de luz arroxeada que morde as barras da grande cadeira turva, do velho sofá cambaio de palha verde, embora não seja percebida à primeira vista.

Pois o foco de luz está dirigido para outro lugar e sua fonte é estranhamente obscura, como um segredo do qual só Van Gogh tivesse conservado a chave.

E se Van Gogh não tivesse morrido aos trinta e sete anos? Não chamo a Grande Carpideira para me dizer com quantas supremas obras-primas a pintura teria se enriquecido,

pois não consigo acreditar que depois dos *Corvos* Van Gogh viesse a pintar mais algum quadro.

Penso que ele morreu aos trinta e sete anos porque já havia, desgraçadamente, chegado ao término da sua fúnebre e revoltante história de indivíduo sufocado por um espírito maléfico.

Pois não foi por sua própria causa, por causa da doença da sua própria loucura, que Van Gogh abandonou a vida.

Foi sob a pressão do espírito maléfico que, dois dias antes da sua morte, passou a chamar-se doutor Gachet, psiquiatra improvisado e causa direta, eficaz e suficiente da sua morte.

Quando releio as cartas de Van Gogh para seu irmão, convenço-me firmemente que o doutor Gachet, "psiquiatra", na verdade detestava Van Gogh, pintor; e que o detestava como pintor e acima de tudo como gênio.

É quase impossível ser ao mesmo tempo médico e uma pessoa honesta, mas é escandalosamente impossível ser psiquiatra sem estar ao mesmo tempo marcado pela mais indiscutível loucura: a de ser incapaz de resistir ao velho reflexo atávico da turba que converte qualquer homem da ciência aprisionado pela turba numa espécie de inimigo nato e inato de todo gênio.

A medicina nasceu do mal, se é que não nasceu da doença e não provocou e criou, ao contrário, a doença para assim ter uma razão de ser; mas a psiquiatria nasceu da turba vulgar de pessoas que quiseram preservar o mal como fonte da doença e que assim arrancaram do seu próprio nada uma espécie de Guarda Suíça para extirpar na raiz o espírito de rebelião reivindicatória que está na origem do gênio.

Em todo demente há um gênio incompreendido cujas ideias, brilhando na sua cabeça, apavoram as pessoas e que só no delírio consegue encontrar uma saída para o cerceamento que a vida lhe preparou.

O doutor Gachet não chegou a dizer a Van Gogh que estava ali para endireitar sua pintura (como ouvi o doutor Gaston Ferdiére, médico-chefe do manicômio de Rodez, dizer que estava ali para endireitar minha poesia), porém mandava-o pintar a natureza, sepultar-se na paisagem para evitar a tortura de pensar.

No entanto, assim que Van Gogh voltava as costas, o doutor Gachet lhe fechava o interruptor do pensamento.

Como quem não quer nada, mas com esse franzir a cara aparentemente inocente e depreciativo no qual todo o inconsciente burguês da terra inscreveu a antiga força mágica de um pensamento cem vezes recalcado.

Fazendo assim, o doutor Gachet não só proibia os malefícios do problema,
    mas também a inseminação sulfurosa,
    o tormento da punção que gira na garganta da única passagem

com a qual Van Gogh
tetanizado,
Van Gogh suspenso sobre o abismo da respiração, pintava.

Pois Van Gogh era uma sensibilidade terrível.

Para convencer-se basta dar uma olhada no seu rosto, sempre ofegante e, sob alguns aspectos, também um enfeitiçador rosto de açougueiro.

Como o de um antigo açougueiro, agora tranquilo e aposentado dos negócios, este rosto em sombras me persegue.

Van Gogh se autorretratou em várias telas que, por mais bem iluminadas que estivessem, sempre me deram a penosa impressão de que havia uma mentira ao redor da luz, que haviam retirado de Van Gogh uma luz indispensável para abrir e franquear seu caminho dentro de si.

E esse caminho, certamente, não era o doutor Gachet o mais capacitado para indicá-lo.

Pois, como já disse, em todo psiquiatra vivente há um sórdido e repugnante atavismo que lhe faz ver em todo artista e todo gênio à sua frente um inimigo.

E sei que o doutor Gachet deixou para a história, com relação a Van Gogh, atendido por ele e que terminou por suicidar-se na sua casa, a lembrança de ter sido seu último amigo na terra, uma espécie de consolador providencial.

No entanto, estou cada vez mais convencido que é ao doutor Gachet de Auvers-sur-Oise que Van Gogh ficou devendo aquele dia, o dia em que se suicidou em Auvers-sur-Oise;

ficou devendo, repito, ter deixado a vida,

pois Van Gogh era uma dessas naturezas dotadas de lucidez superior, o que lhes permite, em qualquer circunstância, ver mais longe, infinita e perigosamente mais longe que o real imediato e aparente dos fatos.

Quero dizer mais além da consciência que a consciência habitualmente guarda dos fatos.

No fundo desses seus olhos sem pestanas de açougueiro, Van Gogh dedicava-se incansavelmente a uma dessas operações de alquimia sombria que tomam a natureza como objeto e o corpo humano como vasilhame ou crisol.

E eu sei que o doutor Gachet sempre achou que isso cansava Van Gogh.

O que nele não era o resultado de uma simples preocupação médica,

mas a manifestação de uma inveja tão consciente quanto inconfessada.

Pois Van Gogh tinha chegado a esse estágio de iluminismo no qual o pensamento em desordem reflui diante das descargas invasoras

e no qual pensar já não é mais consumir-se

e nem sequer é mais

e no qual nada mais resta senão *juntar pedaços do corpo*, ou seja

EMPILHAR CORPOS

Já não é mais o mundo do astral, é o mundo da criação direta que é recuperado desse modo, mais além da consciência e do cérebro.

E nunca vi um corpo sem cérebro fatigar-se por causa de telas inertes.

Suportes do inerte – essas pontes, esses girassóis, esses teixos, esses olivais, essas pilhas de feno. Já não se movem.

Estão congelados.

Porém, quem poderia sonhá-los mais duros sob o traço seco que põe a descoberto seu impenetrável estremecimento?

Não, doutor Gachet, uma tela nunca fatigou ninguém. São as forças de um louco em repouso, não transtornado.

Eu também estou como o pobre Van Gogh: parei de pensar, mas a cada dia dirijo mais de perto formidáveis ebulições internas e gostaria de ver algum terapeuta qualquer vir repreender-me por fatigar-me.

[...]

No momento de escrever estas linhas vejo o rosto vermelho ensanguentado do pintor vir na minha direção, numa muralha de girassóis eviscerados,

numa formidável combustão de fagulhas de jacinto opaco e relvas de lápis-lazúli.

Tudo isso no meio de qualquer coisa como um bombardeio meteórico de átomos em que cada partícula se destaca,

prova que Van Gogh concebeu suas telas como pintor, apenas e unicamente como pintor, mas um pintor que era

exatamente *por isso*

um formidável músico.

Organista de uma tempestade suspensa que ri na límpida natureza, uma natureza pacificada entre duas tempestades, ainda que, como o próprio Van Gogh, mostre claramente o que está para acontecer.

Depois de termos visto isso, podemos dar as costas a qualquer tela pintada que já não terá mais o que nos dizer. A tempestuosa luz das telas de Van Gogh começa seu sombrio recitativo no momento exato em que deixamos de contemplá-la.

Exclusivamente pintor, Van Gogh, e nada mais,
nada de filosofia, nada de mística, de rito, de psicurgia nem de liturgia,

nada de história, nada de literatura nem de poesia,

esses girassóis de ouro bronzeado são pintados; estão pintados como girassóis e nada mais, mas para entender agora um girassol natural é obrigatório passar por Van Gogh, assim como para entender uma tempestade natural,

um céu tempestuoso,

uma planície da natureza,

de agora em diante é impossível não voltar a Van Gogh.

Uma tempestade como essa caía sobre o Egito ou sobre as planícies da Judeia semita;

talvez houvesse trevas semelhantes na Caldeia, Mongólia ou nas montanhas do Tibet, as quais, pelo que sei, continuam no mesmo lugar.

E, no entanto, quando contemplo essa planície de trigo ou pedras, branca como um ossário enterrado, sobre a qual pesa aquele velho céu violáceo, não consigo mais acreditar nas montanhas do Tibet.

Pintor, não mais que pintor, Van Gogh adotou meios de pintura pura e nunca passou por cima deles,

quero dizer que, para pintar, limitou-se a usar os recursos que a pintura lhe oferecia.

Um céu tormentoso,

uma planície branca de cal,

telas, pincéis, seus cabelos ruivos, tubos, sua mão amarela, seu cavalete,

ainda que todos os lamas do Tibet reunidos sacudam sob suas roupas o apocalipse que prepararam,

Van Gogh nos terá feito sentir antecipadamente o seu peróxido de nitrogênio numa tela que contém uma dose suficiente de catástrofe para obrigar-nos a nos orientar.

Pois um dia desses ele decidiu não degradar o tema;

mas, quando se vê um Van Gogh, já não se pode acreditar que haja algo menos superável que o tema do quadro.

Na mão de Van Gogh, o tema de uma lamparina acesa num sofá de palha com uma armação violácea diz muito mais que toda a série das tragédias gregas ou dos dramas de Cyril Turner, de Webster ou de Ford que, além disso, até hoje não foram encenados.

Sem querer fazer literatura, é verdade que vi o rosto de Van Gogh, vermelho de sangue na explosão das suas paisagens, vir a mim,

kohan
taver
tensur
purtan

num incêndio,
num bombardeio,
numa explosão
para vingar a pedra de moinho que o pobre Van Gogh, o louco, teve que carregar durante toda sua vida.
O fardo de pintar sem saber por que ou para quê.

Pois não é para este mundo,
nunca é para esta terra, onde todos, desde sempre, trabalhamos, lutamos,
uivando de horror, de fome, miséria, ódio, escândalo e nojo
e onde fomos todos envenenados,
embora com tudo isso tenhamos sido enfeitiçados
e finalmente nos suicidamos
como se não fôssemos todos, como o pobre Van Gogh, suicidados pela sociedade!
[...]

Para acabar com o julgamento de deus

Este texto deve ser lido pensando-se na sua finalidade original: como suporte para uma transmissão radiofônica, uma leitura a quatro vozes entremeada de gritos, uivos, efeitos sonoros com tambores, gongos e xilofone. Talvez seja, de tudo que Artaud produziu, a realização mais próxima da sua concepção de Teatro da Crueldade. O próprio Artaud participou da gravação, dizendo parte dos textos – junto com Roger Blin, Marie Casarès e Paule Thévenin – e cuidando dos efeitos sonoros, com enorme dificuldade, pois mal se sustentava em pé (ele teve que ditar deitado seus últimos textos, *Suppôts et Supliciations)*. Segundo todas as testemunhas e o depoimento daqueles que ouviram a gravação, sua "performance" foi qualquer coisa arrepiante. Na véspera da data marcada para a transmissão – 2 de fevereiro de 1948 –, Wladimir Porché, diretor da Radiodifusão Francesa, a proibiu. Fernand Pouey, diretor da programação literária da rádio e responsável pelo programa La Voix des Poètes, demitiu-se imediatamente. Foram feitas duas transmissões em circuito fechado, para intelectuais convidados que pediram sua liberação. O episódio teve uma enorme repercussão, gerando uma polêmica na imprensa: jornais conservadores, tipo *Figaro*, justificando a proibição; os setores mais avançados, contestando-a.

O texto incluído na presente seleção corresponde ao programa propriamente dito e ao que foi publicado em 1948. Nas edições seguintes são acrescentados um texto sobre o Teatro da Crueldade, além de versões e variantes dos demais trechos, bem como um posfácio, cartas e um "dossier" relatando a polêmica e transcrevendo alguns dos artigos. Há também um Post-scriptum que é uma espécie de despedida de Artaud:

> *Quem sou eu?*
> *De onde venho?*
> *Sou Antonin Artaud*
> *e basta eu dizê-lo*
> *como só eu o sei dizer*
> *e imediatamente*
> *verão meu corpo atual*
> *voar em pedaços*
> *e se juntar*
> *sob dez mil aspectos*
> *notórios*
> *um novo corpo*
> *no qual nunca mais*
> *poderão*
> *me esquecer.*

Esse corpo novo e inesquecível é a própria obra de Artaud, já que sua intenção declarada era refazer-se, construir um novo corpo ao escrever sua obra e ao vivê-la de forma tão intensa e radical.

A 25 de fevereiro de 1948 Artaud escreve para Paule Thévenin dizendo: *Paule, estou triste e desesperado / meu corpo dói de alto a baixo / tenho a impressão que as pessoas se decepcionaram com a minha transmissão de rádio. / Onde estiver a máquina / estará sempre o abismo e o nada / há uma interposição técnica que deforma e aniquila o que fazemos/ ... / é por isso que nunca mais mexerei com o rádio / e de agora em diante me dedicarei exclusivamente / ao teatro / tal como o imagino / um teatro de sangue / um teatro em que cada representação terá feito algo / corporalmente /*

para aqueles que representam e também para aqueles que vêm ver os outros representarem /... / Eu tive uma visão esta tarde – eu vi aqueles que me seguirão e que ainda não estão completamente encarnados porque os porcos, como aquele do restaurante de ontem à noite, comem demais. Alguns comem demais – outros, como eu, não conseguem comer sem cuspir. / Todo seu / Antonin Artaud.

Poucos dias depois, a 4 de março, o jardineiro que trazia o café da manhã para Artaud o encontrou morto ao pé da cama.

C.W.

Para acabar com o julgamento de deus

kré
kré
pek
kre
e
pte

Tudo isso deverá,
ser arranjado
muito precisamente
numa sucessão
fulminante

puc te
puk te
li le
pec ti le
kruk

Fiquei sabendo ontem
(devo estar desatualizado ou então é apenas um boato,
uma dessas intrigas divulgadas entre a pia e a privada,
quando as refeições ingurgitadas são mais uma vez
devidamente expulsas para a latrina)
fiquei sabendo ontem
de uma das mais sensacionais dentre essas práticas das
escolas públicas americanas
sem dúvida daquelas responsáveis por esse país considerar-se na vanguarda do progresso.
Parece que, entre os exames e testes requeridos a uma criança que ingressa na escola pública, há o assim chamado teste do líquido seminal ou do esperma,

que consiste em recolher um pouco do esperma da criança recém-chegada para ser colocado numa proveta e ficar à disposição para experimentos de inseminação artificial que posteriormente venham a ser feitos.
Pois cada vez mais os americanos sentem falta de braços e crianças
ou seja, não de operários
mas de soldados
e eles querem a todo custo e por todos os meios possíveis fazer e produzir soldados
com vista a todas as guerras planetárias que poderão travar-se a seguir
e que pretendem *demonstrar* pela esmagadora virtude da força
a superioridade dos produtos americanos
e dos frutos do suor americano em todos os campos de atividade e
da superioridade do possível dinamismo da força.
Pois é necessário produzir,
é necessário, por todos os meios de atividade humana, substituir a natureza onde esta possa ser substituída,
é necessário abrir mais espaço para a inércia humana,
é necessário ocupar os operários
é necessário criar novos campos de atividade
onde finalmente será instaurado o reino de todos os falsos produtos manufaturados
todos os ignóbeis sucedâneos sintéticos
onde a maravilhosa natureza real não tem mais lugar
cedendo finalmente e vergonhosamente diante dos triunfantes produtos artificiais
onde o esperma de todas as usinas de fecundação artificial operará milagres na produção de exércitos e navios de guerra.
Não haverá mais frutos, não haverá mais árvores, não haverá

mais plantas, farmacológicas ou não, e consequentemente não haverá mais alimentos,
só produtos sintéticos até dizer chega,
entre os vapores,
entre os humores especiais da atmosfera, em eixos especiais de atmosferas extraídas violentamente e sinteticamente da resistência de uma natureza que da guerra só conheceu o medo.
E viva a guerra, não é assim?
Pois é assim – não é? – que os americanos vão se preparando passo a passo para a guerra.
Para defender essa insensata manufatura da concorrência que não pode deixar de aparecer por todos os lados,
é preciso ter soldados, exércitos, aviões, encouraçados, daí o esperma
no qual os governos americanos tiveram o descaramento de pensar.
Pois temos mais de um inimigo
que nos espreita, meu filho,
a nós, os capitalistas natos
e entre esses inimigos
a Rússia de Stalin
à qual também não faltam homens em armas.
Tudo isso está muito bem
mas eu não sabia que os americanos eram um povo tão belicoso.
Para guerrear é preciso levar tiros
e embora tenha visto muitos americanos na guerra
eles sempre tiveram enormes exércitos de tanques, aviões, encouraçados, que lhes serviam de escudo.
Vi as máquinas combatendo muito
mas só infinitamente longe
                    lá atrás
vi os homens que as conduziam.
Diante desse povo que dá de comer aos seus cavalos, gado e burros

as últimas toneladas de morfina autêntica que ainda restam,
substituindo-a por produtos sintéticos feitos de fumaça,
prefiro o povo que come da própria terra o delírio do qual nasceram,
refiro-me aos taraumaras
comendo o peiote rente ao chão
à medida que nasce,
que matam o sol para instaurar o reino da noite negra
e que esmagam a cruz pra que os espaços do espaço nunca mais possam encontrar-se e cruzar-se.

E assim vocês irão ouvir a dança de TUTUGURI.

TUTUGURI
O Rito do Sol Negro

E lá embaixo, no pé da encosta amarga,
cruelmente desesperada do coração,
abre-se o círculo das seis cruzes
                        bem lá embaixo
como se incrustada na terra amarga,
desincrustada do imundo abraço da mãe
                        que baba.

A terra do carvão negro
é o único lugar úmido
nessa fenda de rocha.

O Rito é o novo sol passar através de sete pontos antes de explodir no orifício da terra.

Há seis homens,
um para cada sol
e um sétimo homem

que é o sol
        cru
vestido de negro e carne viva.

Mas esse sétimo homem
é um cavalo,
um cavalo com um homem conduzindo-o.

Mas é o cavalo
que é o sol
e não o homem.

No dilaceramento de um tambor e de uma trombeta
longa
estranha,
os seis homens
que estavam deitados
tombados no rés do chão,
brotaram um a um como girassóis,
não sóis
porém solos que giram,
lótus d'água,
e a cada um que brota
corresponde, cada vez mais sombria
                e **refreada**
                a batida do tambor
até que de repente chega a galope, a toda velocidade
o último sol,
o primeiro homem,
o cavalo negro com um
            homem nu,
            absolutamente nu
            e **virgem**
            em cima.

Depois de saltar, eles avançam em círculos crescentes
e o cavalo em carne viva empina-se
e corcoveia sem parar
na crista da rocha
até os seis homens
terem cercado
completamente
as seis cruzes.

Ora, o tom maior do Rito é precisamente
        A ABOLIÇÃO DA CRUZ

Quando terminam de girar
arrancam
as cruzes do chão
e o homem nu
a cavalo
ergue
uma enorme ferradura
banhada no sangue de uma punhalada.

A BUSCA DA FECALIDADE

Onde cheira a merda
cheira a ser.
O homem podia muito bem não cagar,
não abrir a bolsa anal
mas preferiu cagar
assim como preferiu viver
em vez de aceitar viver morto.

Pois para não fazer cocô
teria que consentir em
não ser,
mas ele não foi capaz de se decidir a perder o ser,
ou seja, a morrer vivo.

Existe no ser
algo particularmente tentador para o homem
algo que vem a ser justamente

O COCÔ
(aqui rugido)

Para existir basta abandonar-se ao ser
mas para viver
é preciso ser alguém
e para ser alguém
é preciso ter um OSSO,
é preciso não ter medo de mostrar o osso
e arriscar-se a perder a carne.

O homem sempre preferiu a carne
à terra dos ossos.
Como só havia terra e madeira de ossos
ele viu-se obrigado a ganhar sua carne,
só havia ferro e fogo
e nenhuma merda
e o homem teve medo de perder a merda
ou antes **desejou** a merda
e para ela sacrificou o sangue.

Para ter merda,
ou seja, carne
onde só havia sangue
e um terreno baldio de ossos
onde não havia mais nada para ganhar
mas apenas algo para perder, a vida.

> **o reche modo**
> **to edire**

**de za
tau dari
do padera coco**

Então o homem recuou e fugiu.

E então os animais o devoraram.

Não foi uma violação,
ele prestou-se ao obsceno repasto.

Ele gostou disso
e também aprendeu
a agir como animal
e a comer seu rato
delicadamente.

E de onde vem essa sórdida abjeção?

Do fato de o mundo ainda não estar formado
ou de o homem ter apenas uma vaga ideia do que seja
o mundo
querendo conservá-la eternamente?

Deve-se ao fato de o homem
ter um belo dia
detido
        a ideia do mundo.

Dois caminhos estavam diante dele:
o do infinito de fora,
o do ínfimo de dentro.

E ele escolheu o ínfimo de dentro
onde basta espremer
o pâncreas,

a língua,
o ânus
ou a glande.

E deus, o próprio deus espremeu o movimento.

É deus um ser?
Se o for, é merda.
Se não o for,
não é.
Ora, ele não existe
a não ser como vazio que avança com todas as suas formas
cuja mais perfeita imagem
é o avanço de um incalculável número de piolhos.

"O Sr. está louco, Sr. Artaud? E então a missa?"

Eu renego o batismo e a missa.
Não existe ato humano
no plano erótico interno
que seja mais pernicioso que a descida
do pretenso jesus-cristo
nos altares.

Ninguém me acredita
e posso ver o público dando de ombros
mas esse tal cristo é aquele que
diante do percevejo deus
aceitou viver sem corpo
quando uma multidão,
descendo da cruz
à qual deus pensou tê-los pregado há muito tempo,
se rebelava
e armada com ferros,
sangue,

fogo e ossos
avançava desafiando o Invisível
para acabar com o JULGAMENTO DE DEUS.

A QUESTÃO QUE SE COLOCA...

O que é grave
é sabermos
que atrás da ordem deste mundo
existe uma outra.

Que outra?

Não o sabemos.

O número e a ordem de suposições possíveis
neste campo
é precisamente
o infinito!

E que é o infinito?

Não o sabemos com certeza.

É uma palavra que usamos
para designar
a abertura
da nossa consciência
diante da possibilidade
desmedida,
inesgotável e desmedida.

E o que é a consciência?

Não o sabemos com certeza.

É o nada.

Um nada
que usamos
para designar
quando não sabemos alguma coisa
e de que forma
não o sabemos
e então
dizemos
consciência,
do lado da consciência
quando há cem mil outros lados.

E então?

Parece que a consciência
está ligada
em nós
ao desejo sexual
e à fome.

mas poderia
igualmente
não estar ligada
a eles.

Dizem,
é possível dizer,
há quem diga
que a consciência
é um apetite,
o apetite de viver:

e imediatamente
junto com o apetite de viver
o apetite da comida
imediatamente nos vem à mente;

como se não houvesse gente que come
sem o mínimo apetite;
e que tem fome.

Pois isso também
existe:
os que têm fome
sem apetite;

e então?

Então
o espaço do possível
foi-me apresentado
um dia
como um grande peido
que eu tivesse soltado;
mas nem o espaço
nem a possibilidade
eu sabia exatamente o que fossem,

nem sentia necessidade de pensar nisso,

eram palavras
inventadas para definir coisas
que existiam
ou não existiam
diante da
premente urgência
de uma necessidade:
suprimir a ideia,

a ideia e seu mito
e no seu lugar instaurar
a manifestação tonante
dessa necessidade explosiva:
dilatar o corpo da minha noite interior,
do nada interior
do meu eu

que é noite,
nada,
irreflexão,

mas que é explosiva afirmação
de que há
alguma coisa
para dar lugar:

meu corpo.

Mas como,
reduzir meu corpo
a um gás fétido?
Dizer que tenho um corpo
porque tenho um gás fétido
que se forma em mim?

Não sei
mas
sei que
     o espaço,
     o tempo,
     a dimensão,
     o devir,
     o futuro,
     o destino,

     o ser,
     o não ser,
     o eu,
     o não eu
nada são para mim;

mas há uma coisa
que é algo,
uma só coisa
que é algo
e que sinto
por ela querer
SAIR:
a presença
da minha dor
do corpo,

a presença
ameaçadora
infatigável
do meu corpo;

e ainda que me pressionem com perguntas
e por mais que eu me esquive a elas
há um ponto
em que me vejo forçado
a dizer não,

               NÃO

à negação;

e chego a esse ponto
quando me pressionam,
e me apertam
e me manipulam

até sair de mim
o alimento,
meu alimento
e seu leite,

e então o que fica?

Fico eu sufocado;

e não sei que ação é essa
mas ao me pressionarem com perguntas
até a ausência
e a anulação
da pergunta
eles me pressionam
até sufocarem em mim
a ideia de um corpo
e de ser um corpo,

e foi então que senti o obsceno

e que
soltei um peido
de saturação
e de excesso
e de revolta
pela minha sufocação.

É que me pressionavam
ao meu corpo
e contra meu corpo

e foi então
que eu fiz tudo explodir
porque no meu corpo
não se toca nunca

CONCLUSÃO

– E para que serviu essa emissão radiofônica, Sr. Artaud?
– Em primeiro lugar para denunciar um certo número de sujeiras sociais oficialmente sacramentadas e aceitas:
1º essa emissão do esperma infantil doado por crianças para a fecundação artificial de fetos ainda por nascer e que virão ao mundo dentro de um ou mais séculos.
2º para denunciar esse mesmo povo americano que ocupou completamente todo o continente dos índios e que faz renascer o imperialismo guerreiro da antiga América, o qual fez com que o povo indígena anterior a Colombo fosse execrado por toda a humanidade precedente.
3º Sr. Artaud, que coisas estranhas o Sr. está dizendo!
4º Sim, estou dizendo coisas estranhas,
pois contrariamente ao que todos foram levados a crer, os povos anteriores a Colombo eram estranhamente civilizados e isso pelo fato de conhecerem uma forma de civilização baseada exclusivamente no princípio da crueldade.
5º E o que, exatamente,
vem a ser isso de crueldade?
6º Isso eu não sei responder.
7º Crueldade significa extirpar pelo sangue e através do sangue a deus,
o acidente bestial da animalidade humana inconsciente, onde quer que se encontre.
8º O homem, quando não é reprimido, é um animal erótico, há nele um frêmito inspirado,
uma espécie de pulsação
que produz inumeráveis animais os quais são formas que os antigos povos terrestres universalmente atribuíam a deus.
Daí surgiu o que chamaram de espírito.

Ora, esse espírito originário dos índios americanos reaparece hoje em dia sob aspectos científicos que meramente acentuam seu mórbido poder infeccioso, seu grave estado de vício, um vício no qual pululam doenças pois, riam-se à vontade,
isso que chamam de micróbios
é deus,
e sabe o que os americanos e os russos usam para fazer seus átomos?
Usam os micróbios de deus.

– O Sr. está louco, Sr. Artaud.
Está delirando.

– Não estou delirando.
Não estou louco.
Afirmo que reinventaram os micróbios para impor uma nova ideia de deus.
Descobriram um novo meio de fazer deus aparecer em toda sua nocividade microbiana:
Inoculando-o no coração
onde é mais querido pelos homens
sob a forma de uma sexualidade doentia
nessa aparência sinistra de crueldade mórbida que ostenta sempre que se compraz em tetanizar e enlouquecer a humanidade como agora.

Ele usa o espírito de pureza de uma consciência que continuou cândida como a minha para asfixiá-la com todas as falsas aparências que espalha universalmente pelos espaços e é por isso que Artaud, o momo, pode ser confundido com alguém que sofre de alucinações.

– O que o Sr. Artaud quer dizer com isso?

– Quero dizer que descobri a maneira de acabar com esse macaco de uma vez por todas
e já que ninguém acredita mais em deus, todos acreditam cada vez mais no homem.

Assim, agora é preciso emascular o homem.

– Como?

Como assim?
Sob qualquer ângulo o Sr. não passa de um maluco, um doido varrido.

– Colocando-o de novo, pela última vez, na mesa de autópsia para refazer sua anatomia.
O homem é enfermo porque é malconstruído.
Temos que nos decidir a desnudá-lo para raspar esse animalúculo que o corrói mortalmente,

deus
e juntamente com deus
os seus órgãos

Se quiserem, podem meter-me numa camisa de força
mas não existe coisa mais inútil que um órgão.

Quando tiverem conseguido um corpo sem órgãos,
então o terão libertado dos seus automatismos
e devolvido sua verdadeira liberdade.

Então poderão ensiná-lo a dançar às avessas
como no delírio dos bailes populares
e esse avesso será
seu verdadeiro lugar.

Anexo
Um perfil de Artaud

Para traçar o perfil de Artaud de modo melhor, escolhemos alguns trechos dos Diários *de Anaïs Nin (Vol. 1, 1931/1933). Artaud e Anaïs se conheceram através de René Allendy, psicanalista de destaque na época, com o qual Anaïs chegou a fazer terapia. Há cerca de onze cartas de Artaud para Anaïs, das quais apenas algumas constam da* Obra completa *e outras saíram em revistas. A descrição de Anaïs Nin apresenta interesse por vários motivos; em primeiro lugar por sua sensibilidade, como escritora e artista avançada para a época, com uma notável acuidade para perceber onde as coisas estavam acontecendo e quem realmente tinha algo a dizer. No entanto, também é a visão do outro e nos permite perceber como os meios culturais e a sociedade parisiense dos anos 30 viam Artaud no período em que ele lutava para pôr em prática o Teatro da Crueldade. O que Artaud fez na sua palestra da Sorbonne hoje seria normalmente aceito como performance. As ideias que norteiam o Teatro da Crueldade, suas concepções especificamente cênicas, foram incorporadas ao teatro. Mas o verdadeiramente inaceitável para a sociedade, o que impressionou e ao mesmo tempo, visivelmente, assustou Anaïs Nin, era a sua autenticidade, o modo apaixonado e radical como encarnava seu texto e suas ideias; o fato de realmente acreditar no que dizia e fazia.*

Artaud. Magro, tenso. Um rosto escavado, olhos de visionário. Modos sarcásticos. Ora cansado, ora ardente e sardônico.

Ele falou dos antigos ritos de sangue. O poder do contágio. De como perdemos essa magia do contágio. A religião antiga sabia organizar ritos que tornavam contagiosos a fé e o êxtase. O poder dos ritos desapareceu. Ele quer devolver isso ao teatro. Hoje em dia ninguém é capaz de compartilhar uma sensação com o outro. E Antonin Artaud quer que o teatro realize isso, que esteja no centro, que seja um rito que nos desperte a todos. Ele quer gritar de tal forma que as pessoas sejam novamente reconduzidas ao fervor e ao êxtase. Nada de palavras. Nada de análise. O contágio pela representação de estados de êxtase. Nada de encenação objetiva, mas um rito no meio do público.

Enquanto ele falava, eu me perguntava se ele tinha razão ao afirmar que eram os ritos o que havíamos perdido, ou se as pessoas não haviam perdido a capacidade de sentir até o ponto de rito algum poder recuperá-la.

Artaud é o surrealista que os surrealistas renegaram, a silhueta magra e fantasmagórica que assombra os cafés mas que nunca é vista no balcão, bebendo e rindo na companhia dos outros. É uma criatura drogada, contraída, que anda sempre sozinha e encena peças de teatro que parecem sessões de tortura.

Ele tem olhos azuis de langor, negros de sofrimento. É todo nervos. No entanto, estava tão bonito no papel de monge apaixonado por Joana D'Arc no filme de Carl Dreyer. Os olhos fundos de místico, como se brilhassem no fundo de uma caverna. Profundos, sombrios e misteriosos.

Para Artaud, escrever também é doloroso. Só o consegue de maneira espasmódica e com grande esforço. É pobre. Vive em conflito com um mundo que lhe parece ameaçador e zombeteiro. Sua intensidade é obscura, bastante apavorante.

[...]

Uma sala na Sorbonne.

Allendy e Artaud sentados atrás de uma grande mesa. Allendy apresentou Artaud. A sala estava repleta. A cena formava um estranho pano de fundo. Gente de todas as idades. O público das palestras de Allendy sobre as Novas Ideias.

A luz era crua. Ela mergulhava na escuridão os olhos fundos de Artaud. Isso acentuava ainda mais intensamente seus gestos. Parecia atormentado. Seus cabelos muitos longos às vezes caíam sobre a testa. Tinha a leveza e a vivacidade de gestos do ator. Um rosto magro, como devastado pela febre. Um olhar que não parecia enxergar o público. Um olhar de visionário. Mãos longas com longos dedos.

Ao lado, Allendy parece prosaico, pesado, cinzento. Está sentado atrás da mesa, maciço, concentrado. Artaud sobe no estrado e começa a falar: "O teatro e a peste".

Pediu-me que ficasse na primeira fila. Parece-me que ele quer apenas a intensidade, uma maneira mais elevada de sentir e viver. Será que ele quer nos lembrar que foi durante a peste que surgiram tantas peças de teatro e obras de arte maravilhosas, pois o homem, fustigado pelo medo da morte, busca a imortalidade, a evasão, procura ultrapassar-se? Mas então, de uma maneira quase imperceptível, Artaud abandonou o fio que seguíamos e se pôs a representar alguém morrendo de peste. Ninguém reparou quando isso havia começado. Para ilustrar sua conferência, representava uma agonia. Peste, em francês, é uma palavra muito mais terrível que *plague* em inglês. Mas não existem palavras para descrever o que Artaud representava no estrado da Sorbonne. Ele esqueceu sua conferência, o teatro, suas ideias, o dr. Allendy a seu lado, o público, os jovens estudantes, a mulher de Allendy, os professores e os diretores de teatro.

Seu rosto estava convulsionado de angústia e seus cabelos, empapados de suor. Seus olhos dilatavam-se, seus músculos enrijeciam-se, seus dedos lutavam para conservar a agilidade. Fazia-nos sentir sua garganta seca e queimando, o sofrimento, a febre, o fogo de suas entranhas. Estava na tortura. Uivava. Delirava. Representava sua própria morte, sua crucificação.

As pessoas primeiro perderam o fôlego. Depois começaram a rir. Todos riam! Assobiavam. Depois, um a um, começaram a retirar-se ruidosamente, falando alto, protestando. Batiam a porta ao sair. Os únicos que não se mexeram foram Allendy, sua mulher, os Lalou, Marguerite. Mais protestos. Mais vaias. Mas Artaud continua, até seu último alento. E fica lá, por terra. Finalmente, com a sala vazia, só um pequeno grupo de amigos, levanta-se, vem diretamente na minha direção e me beija a mão. Pede-me que o acompanhe até um café.

Todos os demais tinham alguma coisa para fazer. Separamo-nos na porta da Sorbonne. Artaud e eu saímos sob uma garoa fina. Caminhamos, caminhamos ao longo de ruas escuras. Ele estava magoado, duramente atingido e desconcertado por causa das vaias. Espumava de cólera: "Eles sempre querem ouvir falar *de;* querem ouvir uma conferência objetiva sobre "O teatro e a peste" e eu quero lhes dar a própria experiência, a própria peste para que eles se aterrorizem e despertem. Não percebem *que estão todos mortos*. A morte deles é total, como uma surdez, uma cegueira. O que lhes mostrei foi a agonia. A minha, sim, e de todos os que vivem."

A chuva caía no seu rosto, ele afastava os cabelos da testa. Tinha o ar tenso, obcecado, mas em seguida falou mais calmamente. Paramos no La Coupole. Esqueceu a conferência. "Nunca encontrei alguém que sinta como eu. Faz quinze anos que me drogo com ópio. Deram-me pela primeira vez quando eu era bem jovem, para acalmar as minhas terríveis dores de cabeça. Às vezes sinto que não escrevo, mas que descrevo meus esforços para escrever, meus esforços para nascer."

Recitou-me poemas seus. Falamos da forma, do teatro, do seu trabalho.

"Você tem olhos verdes, às vezes violeta."

Ele recuperou a calma e a doçura. Continuamos nossa caminhada sob a chuva.

Morrer de peste, para ele, não era mais terrível que morrer de mediocridade, do espírito mercantil, da corrupção que nos rodeia. Ele quer fazer com que as pessoas tomem consciência de que estão morrendo. Levá-las à força a um estado poético.

"Sua hostilidade só prova que você os perturbou", disse-lhe.

Mas que choque ver um poeta sensível diante de um público hostil. Que brutalidade, que horror nesse público!

[...]

Sinto por Artaud uma imensa piedade, pois ele nunca para de sofrer. É a obscuridade, o amargor existentes nele que eu gostaria de curar. Fisicamente seria incapaz de tocá-lo, mas amo nele sua chama e seu gênio.

[...]

"Doce, frágil e pérfida", disse ele. "As pessoas pensam que sou louco. Você me acha louco? É isso que a amedronta?"

Nesse instante, diante dele, tive certeza de que era louco e de que eu amava sua loucura. Olhei sua boca de lábios enegrecidos pelo láudano, uma boca que eu não tinha vontade de beijar. Ser beijada por ele seria como sentir-me arrastada para a morte, para a loucura. Sabia que ele queria ser reconduzido à vida pelo amor de uma mulher, reencarnar-se, nascer de novo, ser aquecido, mas a irrealidade da sua vida tornava impossível todo amor humano. Tinha inventado, para não feri-lo, o mito de um amor dividido, no qual a carne e o espírito nunca estavam reunidos. Ele disse: "Nunca acreditaria encontrar em você a minha loucura".

Artaud no La Coupole, derramando uma torrente de poesia, falando de magia. "Sou Heliogábalo, o imperador romano louco", pois ele se transforma em tudo aquilo sobre o que escreve. No táxi, afasta os cabelos do rosto devastado. A beleza desse dia de verão não o tocava. Ergueu-se no táxi e estendeu o braço na direção das ruas apinhadas. "Logo virá a revolução. Tudo isso será destruído. É preciso destruir este mundo. Está corrompido, cheio de horror. Um mundo povoado de múmias, eu lhe digo. Decadência romana. A morte. Quero um teatro que seja um tratamento de choque, para galvanizar, jogar as pessoas na sensação."

Percebi pela primeira vez que Artaud vivia num universo de tal modo fantástico que era para ele mesmo que desejava a violência do choque, para sentir a realidade ou encarnar a potência de uma grande paixão. Mas, como ele continuava gritando em pé no táxi, espumando de fúria, a multidão juntou-se para vê-lo e o motorista começou a ficar nervoso. Pensei que fosse esquecer onde estávamos, a caminho da estação Saint-Lazare, rumo ao trem que me levaria de volta, e que ele fosse tornar-se violento. Compreendi que ele queria uma revolução, uma catástrofe, um desastre que desse fim à sua existência insuportável.

Posfácio à nova edição

Cheguei a pensar em adicionar novas traduções. Ou completar com mais um artigo. Material e assunto não faltam. Mas esta edição, tal como está, submetida apenas a mínimas revisões, tem valor documental: foi a primeira coletânea de Artaud publicada no Brasil. Em 1982/1983, quando a preparei, não havia nada. Sobre Artaud, sim – uma biografia por Martin Esslin, os ensaios de Jacques Derrida, *O anti-Édipo* de Deleuze e Guattari, o opúsculo de Teixeira Coelho pela Brasiliense. Mas dele, nenhum título. Em bibliotecas como a da USP ainda não se encontrava nada. Achei algo na biblioteca do Museu Segall. Meu amigo Alberto Marsicano generosamente me presenteou com o substancioso *Antonin Artaud Selected Writings* organizado por Susan Sontag e traduzido por Helen Weaver.[1] Sontag viu gnosticismo em Artaud: na época, achei redutor; hoje vejo que ela tinha razão – tanto é que incluí capítulo sobre Artaud em meu livro sobre essa religião estranha.[2] Outro bom ensaísta dos Estados Unidos, Clayton Eshleman – autor de *Whatchfiends & Rack Screams*[3], coletânea de obras dos últimos anos de vida de Artaud –, vê xamanismo em Artaud. Também tem razão, e tenho tratado disso em cursos e palestras sobre poesia e xamanismo. Recentemente apresentei um

---

1. Nova York: Farrar, Strauss and Giroux, 1976 e reedições.
2. Claudio Willer, *Um obscuro encanto: gnose, gnosticismo e a poesia moderna*. Rio de Janeiro: Civilização Brasileira, 2010.
3. Boston: Exact Change, 1995. Agradeço a Chris Daniels, tradutor de Piva nos Estados Unidos, que me presenteou.

paralelo – em um encontro em Brasília, na UNB – entre seus esquartejamentos e apelos por um novo corpo e o relato de um xamã (Davi Kopenawa em *A queda do céu*, mas haveria muitos outros exemplos possíveis), de como seu corpo foi estruído e reconstruído durante a iniciação.

Enfim, *Escritos de Antonin Artaud* continua valendo como roteiro ou ponto de partida para alcançar uma visão de conjunto. Quem quiser chegar mais perto desse extraordinário autor-personagem pode começar por aqui. É o que atestam leitores, a boa recepção pela crítica e a presença como referência bibliográfica em ensaios subsequentes. Comentei com Teixeira Coelho, quando saiu, no ano seguinte, a tradução de *O teatro e seu duplo*[4], que, se soubesse que a estava preparando, não teria incluído os capítulos que estão aqui. Mas não – o que selecionei tem relação com outros textos desta coletânea. Dialogam, há conexões. Heliogábalo, a iniciação no peiote entre os taraumaras, o programa final de rádio são teatro da crueldade.

O caráter introdutório não é afetado pelas descobertas mais recentes sobre sua produção. Especialmente, conforme apontado por Clayton Eshleman e mais recentemente por Florence de Mèredieu, o que Artaud fez nos últimos quatro anos de vida – desde a transferência para a clínica de Rodez, quando lhe foi permitido voltar a escrever e desenhar – corresponde a um volume muito maior do que o conjunto do que havia feito nos vinte anos que precederam sua internação em 1938, embora já escrevesse copiosamente.

Ainda bem que comprávamos volumes da *Oeuvre Complète* na Livraria Francesa, alguns, à medida que iam saindo, além do que achei em edições avulsas. O poeta Roberto Piva, em 1961, em um surto, remodelou seu

---

4. Inicialmente, pela Max Limonad; subsequentemente, pela Martins Fontes.

quarto, pendurou uma grossa corrente na parede, sobre ela grafitou: "*Sur des routes où mon* sang *m'entraîne il ne se peut pas qu'un jour je ne découvre une vérité*"[5], de Fragments d'un journal d'Enfer. Antes, em 1959, Dora Ferreira da Silva, notável poeta e tradutora, deu uma palestra sobre Artaud no auditório do Instituto dos Arquitetos que se tornou assunto da cidade: encarnou-o, através de gritos e gestos que surpreenderam e chocaram. Antes, ainda, Pagu já havia alertado – mas isso é notório.

Esta publicação fez com que eu passasse a ser convidado para dar palestras. Aquela em São Tomé das Letras, sob uma tempestade, já relatei.[6] Em seguida, o evento Artaud no Rio de Janeiro, quando conheci Paule Thévenin e a entrevistei.[7] Em 1998, as manifestações pelo cinquentenário de sua morte; desde então, um trabalho de colaboração mais sistemático com o Taanteatro de Maura Baiocchi e Wolfgang Pannek. E muito mais. Com a finalidade de corrigir equívocos ou chegar a maior clareza sobre as relações de Artaud e surrealismo, postei algo a respeito em meu blog.[8]

A difusão de Artaud no Brasil foi ampliada através de novas traduções e ensaios. *Linguagem e vida – Antonin*

---

5. "Pelos caminhos por onde meu sangue me arrasta, não pode ser que eu não descubra uma verdade."
6. Está em minha participação na coletânea *Antonin Artaud: Insolências*, de Alex Galeno, Fagner França e Gustavo Castro, Belo Horizonte: Moinhos; e em vídeo em https://claudiowiller.wordpress.com/2014/12/31/video-da-palestra-sobre--artaud-um-brinde-ao-ano-novo/
7. Publiquei no jornal *Leia*. E postei em Academia.edu: https://www.academia.edu/15266061/_Artaud_ocupou_toda_a_minha_vida_uma_entrevista_com_Paule_Th%C3%A9venin_sobre_Antonin_Artaud
8. Em https://claudiowiller.wordpress.com/2012/02/03/andre-breton-e-antonin-artaud/

Artaud, de 1995, a meu ver complementa esta edição. A ensaística sobre Artaud: arriscando omissões, de Daniel Lins, *Antonin Artaud: O artesão do corpo sem órgãos*[9], de 1999; de Alex Galeno, *Antonin Artaud: a revolta de um anjo terrível*[10]; mais recentemente, o *Antonin Artaud* de Ana Kiffer.[11] Contribui para a bibliografia artausiana a publicação no Brasil de *Eis Antonin Artaud* de Florence de Méredieu.[12] E quero dar especial destaque à recente coletânea *Antonin Artaud – Insolências*, organizada por Alex Galeno, Fagner França e Gustavo Castro.[13]

No teatro, o trabalho desenvolvido por Zé Celso Martinez Corrêa e colaboradores no Teatro Oficina é um marco, um antes e depois na difusão de Artaud no Brasil. Inclui a provocativa encenação de *Pra dar um fim no juízo de deus* (como Zé Celso preferiu traduzir o *Pour en finir avec le jugement de dieu*) protagonizado por Pascoal da Conceição. Antes, ainda na década de 1980, houve – entre outros trabalhos – o monólogo de Rubens Corrêa, *Artaud*, orientado por Nise da Silveira. O ator e encenador Adeilton Lima, de Brasília, por sua vez, tem apresentado *Para acabar com o julgamento de deus* (valendo-se da minha tradução), além de desenvolver trabalhos sobre Glauber Rocha, relacionando-o a Artaud. Destaco também a contribuição de João Andreazzi – estudioso em primeira instância de Deleuze e Guattari – e sua Cia. Corpos Nômades: dei palestra sobre Artaud em seu espaço, fizemos Lautréamont. Citações de Artaud em uma encenação teatral também em São Paulo Surrealista, da Cia. Teatro do Incêndio de Marcelo Fonseca. Mas o trabalho artausiano mais sistemático

---

9. Rio de Janeiro: Relume – Dumará, 1999.
10. Porto Alegre: Sulina, 2005.
11. Rio de Janeiro: EDUERJ, 2016.
12. São Paulo: Perspectiva, 2011.
13. Belo Horizonte: Moinhos, 2018.

lepmeditores
**www.lpm.com.br
o site que conta tudo**

IMPRESSÃO:

PALLOTTI
GRÁFICA

Santa Maria - RS | Fone: (55) 3220.4500
www.graficapallotti.com.br

desenvolvido no Brasil, faz mais de duas décadas, é do Taantreatro, conduzido por Maura Baiocchi – artista com formação no butô de Kazuo Ohno, por sua vez, conforme assinala Clayton Eshleman, influenciado por Artaud – e Wolfgang Pannek. Incluiu eventos, trabalhos de laboratório de criação, residências e várias encenações de obras de Artaud, especialmente a trilogia *cARTAUDgrafia*, e o trabalho solo da Maura Baiocchi *Artaud, le Momo*, além de uma encenação de *A conquista do México* por Min Tanaka, sob os auspícios do grupo, produzido por Pannek e que teve codireção da Maura. O conjunto dessas contribuições resultou em um catálogo colossal.[14]

Estava enloquecido quando terminei e entreguei a primeira versão de *Escritos de Antonin Artaud*. Não conseguia parar. Ver as fotos do hospício de Sainte-Anne, onde o haviam internado, desencadeou. Preenchi laudas – datilografava-se, naquele tempo. Desisti, pois não conseguia terminar. Em 2010, achei esse texto ensandecido. Digitei-o e dei-lhe um fecho. Também está em Academia.edu.[15]

Que satisfação reapresentar tudo isso. Deixo registrado o agradecimento ao jornalista Marcos Faerman (1943-1999), meu amigo e de Ivan Pinheiro Machado, que me indicou para preparar esta edição.

Claudio Willer
Outubro de 2018

---

14. Ver em http://www.taanteatro.com/projetos/antonin-artaud-domínio-publico.html?fbclid=IwAR375vVxBPFY-CBa-jvhyfExZk3mGGYZR14Y1j26VLmrMdPwB07YR-oPF9Q

15. Em https://www.academia.edu/46911151/Sobre_Antonin_Artaud_um_ensaio_in%C3%A9dito